Meininger

MULHOUSE

PENDANT

LA GUERRE DE 1870-71

NOTES

prises au jour le jour

PAR * * *

MULHOUSE

Imprimerie Veuve Bader & Cie

1895

a Monsieur Ristelhuber

Hommage affectueux de l'auteur

Ernest Meininger

8.2.96

MULHOUSE

PENDANT

LA GUERRE DE 1870-71

MULHOUSE

PENDANT

LA GUERRE DE 1870-71

NOTES

prises au jour le jour

PAR * * *

MULHOUSE

Imprimerie Veuve Bader & Cie

—

1895

INTRODUCTION

En faisant, il y a quelques semaines,
des recherches dans de vieilles paperasses
entassées au fond d'un tiroir, le hasard
m'a fait tomber sur un cahier de notes
journalières prises par moi pendant la
guerre et que je croyais perdu.

En relisant ces feuillets écrits pendant
une époque qui a laissé chez tous les
hommes de ma génération une impression
ineffaçable, j'ai revécu ces mois doulou-
reux, malgré les vingt-cinq années qui
nous en séparent, avec une intensité poi-
gnante, encore que le récit en soit par-
fois naïf et l'horizon des choses vues, en
raison de l'âge que j'avais alors, néces-
sairement peu étendu. Je n'avais, en
effet, que dix-huit ans au moment où la
guerre de 1870 éclata.

Si, malgré les imperfections de la forme
et la valeur relative du fond, je livre à la
publicité mes notes sur ce que j'ai vu se
passer à Mulhouse pendant l'année terrible,
c'est sur l'insistance de quelques amis et

dans l'espoir que le lecteur voudra accueillir ces pages intimes et sans prétention — auxquelles j'ai tenu à conserver leur teneur première —, avec la bienveillance dont elles ont besoin.

On remarquera que mes notes débutent par le récit de la grève générale qui, chez nous, a précédé de quelques jours seulement la déclaration de la guerre. Cette grande agitation ouvrière avait singulièrement frappé ma jeune imagination et la nouveauté du spectacle me suggéra l'idée d'en consigner les lignes principales sur le papier, pour en garder un souvenir plus précis. Les événements politiques graves et inattendus qui éclatèrent d'une manière si foudroyante au beau milieu de ces manifestations provoquées par l'*Internationale*, vinrent fournir à ma plume un nouvel aliment et lui donner une besogne pour laquelle elle n'était point taillée. C'est un peu pour parer à cette insuffisance, que je ne me dissimule nullement, que j'ai cru devoir accompagner mon manuscrit de notices documentaires en forme de renvois, qui le compléteront suffisamment, je le pense du moins, pour lui permettre d'affronter la publicité.

Décembre 1895.

MULHOUSE

PENDANT

LA GUERRE DE 1870-71

Mercredi, 6 juillet 1870.

Depuis quelque temps déjà, on s'entretenait en ville de menaces de grève dans
nos différents établissements industriels,
que cherche à provoquer l'*Internationale*
par des émissaires envoyés sur notre
place. Le mécontentement parmi les ouvriers a été habilement suscité et entretenu, et nous allons sans doute assister à
Mulhouse à une seconde édition du fameux *Bäckefest*[1] de l'année 1847, dont

---

[1] Une forte crise industrielle, accompagnée d'une cherté exceptionnelle des vivres,
par suite des récoltes manquées, avait alors
frappé la ville. Bientôt, la charité privée ne
suffit plus. Au mois de juin, le 26, les ouvriers allèrent demander du pain à la mairie et n'ayant pas eu de réponse qui les
satisfaisait, ils pillèrent les boulangeries de
la ville. La troupe dut intervenir et il y
eut, de part et d'autre, des morts et des
blessés.

mes parents m'ont si souvent parlé. Aussi, vais-je noter les événements au jour le jour, afin de pouvoir, plus tard, mieux me les rappeler.

Donc, depuis hier et aujourd'hui, un assez grand nombre d'ouvriers de fabrique font effectivement grève et se promènent, par bandes, à travers les rues de la ville, se dirigeant, les uns vers le Tannenwald, les autres vers la Doller, en chantant et en criant de temps en temps : « Vive l'empereur ! » Ils réclament une réduction des heures de travail, et veulent en outre le maintien de leurs salaires actuels.

Vendredi, 8 juillet.

Dans la journée, le bruit a couru que les fabricants ont dû télégraphier à Paris, pour que le gouvernement envoie des troupes à Mulhouse, afin de maintenir l'ordre. En effet, ce soir, vers onze heures, étant avec mes amis Jules W. et Eugène B. dans la rue du Sauvage, nous voyons arriver un détachement de cuirassiers du côté du faubourg de Colmar et s'arrêter devant la sous-préfecture.[1] On les envoie loger au Manège.

Samedi, 9 juillet.

D'autres troupes sont encore arrivées, la nuit dernière. Nous avons à Mulhouse,

---

[1] La sous-préfecture se trouvait, au moment de la guerre, rue du Sauvage, dans la maison qu'occupent actuellement les magasins de la *Ville de Nîmes*.

ce matin, trois escadrons du 9ᵉ cuirassiers, et trois bataillons d'infanterie, en tout environ 1500 hommes, sous les ordres du général Saint-Sauveur. Celui-ci loge à l'hôtel du *Lion-Rouge*,[1] avec son état-major.

Les soldats campent dans les rues, près de la gare et du Bassin, au pont d'Altkirch et sur la chaussée de Dornach. Nous avons aussi quelques brigades de gendarmerie, venues de Dannemarie, de Sierentz et de Huningue. La grève est presque générale.

On affiche partout une proclamation du préfet, recommandant à la population de se tenir tranquille.[2]

---

[1] Un peu plus tard Hôtel Romann, aujourd'hui Hôtel Central.

[2] Le préfet du Haut-Rhin, M. Isidore Salles, était arrivé à Mulhouse dès la veille au soir, ainsi que le procureur général de Colmar. Je retrouve dans l'*Industriel alsacien* du 9 juillet la proclamation du premier :

« Habitants de Mulhouse,

« L'ordre a été violemment troublé dans « votre ville.

« Des usines ont été envahies ; des ou- « vriers voulant travailler ont été arrachés « de leurs métiers et empêchés de gagner le « pain de leurs familles.

« Je viens défendre la paix publique ; je « viens protéger la liberté du travail, pro- « priété inviolable du citoyen.

A midi et demi, au milieu du dîner, le tocsin sonne. Le feu a pris à la filature Jourdain, rue des Champs-Elysées, à deux pas de mon bureau. Je mets mon brassard de pompier auxiliaire[1] et cours aider à

« Discutez librement avec vos patrons les
« questions qui vous divisent, c'est votre
« droit absolu. Il sera pleinement respecté ;
» mais respectez aussi le droit du patron.

« Que le contrat qui vous unit soit libre
« pour lui comme pour vous.

« Respectez surtout la liberté de vos ca-
« marades : leur travail leur appartient ; ne
« portez pas atteinte à leur propriété.

« La loi est la même pour tous : elle ne sera
« plus violée. Si la raison n'était pas écoutée,
« mon devoir serait de recourir à la force.

« J'espère que cette extrémité me sera
« épargnée, et que la population de Mulhouse
« répondra toute entière à l'appel que j'a-
« dresse à son bon sens, à son esprit de
« justice, au sentiment de ses véritables in-
« térêts.

« Mulhouse, le 9 juillet 1870.

« Le préfet du Haut-Rhin :

« ISIDORE SALLES. »

(1) Il existait à Mulhouse, jusqu'après la guerre, un corps de pompiers auxiliaires recrutés parmi les jeunes gens. Ils ne portaient pas d'uniforme, mais mettaient au bras gauche, lors des incendies, un brassard en flanelle blanche avec la roue de Mulhouse en rouge. Les pompiers auxiliaires avaient une section de sauveteurs, dont je faisais partie. Nous assistions aussi à certaines réunions, à leurs banquets, etc.

l'extinction du feu. Je travaille aux pompes postées entre le Trænkbach et le Mittelbach, derrière la maison Camille Kœchlin où règne une grande panique. Les maisons voisines de la filature peuvent heureusement être préservées.

On prétend que l'incendie est dû à la malveillance. On aurait arrêté deux ouvriers grévistes de la fabrique.

Dimanche, 10 juillet.

Il n'y a plus eu de promenades de grévistes hier après-midi. La troupe les a fait réfléchir.

Les soldats logent dans des casernes provisoires : l'infanterie à la Gendarmerie, à la Halle-Couverte et à la Halle-aux-Blés, la cavalerie au Manège et à la Dentsch.

Hier soir, les deux derniers escadrons du 9e régiment de cuirassiers sont arrivés de Belfort, par chemin de fer.

Lundi, 11 juillet.

La grève dure toujours. Aujourd'hui elle est complétée par les ouvriers peintres, serruriers, imprimeurs lithographes, etc. L'animation est grande en ville et il court des bruits de toute nature. On craint que la troupe ne soit obligée d'intervenir et qu'il y ait des collisions sanglantes. Il y a parmi les grévistes des émissaires de l'*Internationale* — le fait est aujourd'hui prouvé — qui excitent les ouvriers et leur distribuent de l'argent pour pouvoir résister.

Mardi, 12 juillet.

Continuation de la grève. Les chefs d'établissements font afficher aujourd'hui, sur les murs de leurs fabriques, une proclamation par laquelle ils informent les grévistes qu'ils refusent de faire d'autres concessions que celles qu'ils leur ont déjà accordées.[1]

Mercredi, 13 juillet.

La grève, comme on le craignait, s'est décidément étendue aux vallées environnantes. Hier soir, deux escadrons de cuirassiers sont partis pour Thann et Guebwiller.

---

[1] Les patrons avaient accepté la réduction des heures de travail, avec maintien des anciens salaires. Mais alors les grévistes réclamèrent davantage. Voici le texte de leurs nouvelles revendications, que je copie dans l'*Industriel alsacien* :

La journée de travail réduite à 10 heures.
L'abolition des amendes.
La dénonciation à huit jours.
La journée d'un homme de peine fixée à trois francs.
L'augmentation de 50 centimes par jour pour l'ouvrier de profession.
Les accidents de fabrique laissés à la charge des maîtres.
Le travail d'un ouvrier fileur borné à une machine ou à un métier.
Pour le reste, soumission à la loi du 6 juin 1868.

Jeudi, 14 juillet.

Toute la vallée de Saint-Amarin, sauf Wesserling, est maintenant en grève. Il paraît que les ouvriers y sont plus surexcités qu'ici et qu'ils se livrent à des désordres regrettables. Les fabricants ne sont pas très rassurés sur la fin de tout cela.

A Mulhouse, cependant, une partie des ouvriers a repris le travail.

Vendredi, 15 juillet.

La grève est à peu près terminée ici. Les ouvriers ont compris que le moment est assez mal choisi pour eux de rester sans travail, maintenant que cela va se gâter en politique et que nous allons avoir sans doute la guerre avec la Prusse.[1]

Samedi 16 juillet.

C'est fait, nous aurons la guerre avec les Prussiens. La Chambre des députés l'a votée hier, dans une séance très agitée. L'opinion générale ici est qu'elle ne sera pas longue. Cependant, des personnes prétendent qu'elle durera plus longtemps qu'on ne le croit.

Mon frère Emile a reçu ordre de rejoindre son régiment à La Fère. Heureusement

---

[1] On sait que le prétexte de la funeste guerre de 1870 fut la candidature du prince Léopold de Hohenzollern au trône d'Espagne. Les détails en sont trop connus, pour que je les rappelle ici.

qu'il ne sera pas obligé de marcher ; en sa qualité d'ouvrier-artilleur, il pourra rester au dépôt du régiment.

Lundi, 18 juillet.

Je reviens de la gare, où j'ai vu passer les premières troupes, venant de Belfort et de Strasbourg, qui rejoignent leurs corps d'armée respectifs. Il y a beaucoup de monde à la gare, et l'on y distribue aux soldats des cigares, du tabac et de la bière. Les dames offrent des bouquets aux officiers.

Au bureau, nous ne parlons que de la guerre et nous étudions la carte d'Allemagne. Dans quinze jours, les Français seront à Berlin.

Mardi, 19 juillet.

Hier soir, je me suis couché tard. Tout le monde était dans les rues, et l'enthousiasme était à son comble.

Entre huit et neuf heures, une bande d'ouvriers et de jeunes gens ont parcouru les rues de la ville, deux par deux, au chant de la *Marseillaise*, que l'empereur a autorisé de chanter. Un grand gaillard marchait en tête, un drapeau déployé en mains, et tout le monde suivait en criant : « à Berlin ! à Berlin ! » sur l'air des *Lampions*. On a aussi beaucoup hurlé : « Vive la France ! en bas *(sic)* la Prusse ! »

Les dépêches nous apprennent que la guerre vient d'être déclarée officiellement à la Prusse par le gouvernement français.

On va maintenant immédiatement commencer les hostilités.

Comme il passe continuellement des troupes par notre gare, on a formé un comité[1] pour distribuer régulièrement aux soldats des vivres et des rafraîchissements. Les distributeurs sont bien au nombre d'une cinquantaine, dont pas mal de dames. Je ne puis malheureusement pas en faire partie, étant obligé de rester à mes occupations.

Mercredi, 20 juillet.

Ce matin, départ du dernier bataillon du 74e de ligne, encore en garnison chez nous depuis la grève. J'assiste, à la gare, à leur embarquement, et fais mes adieux aux deux soldats que mes parents ont logés depuis quinze jours. L'un d'eux, un nommé Wantz, est de Schlestadt.

Jeudi, 21 juillet.

Rien de nouveau. On ne s'est pas encore battu. Les troupes se massent partout sur la frontière, surtout du côté de la Prusse rhénane, où l'on croit que le premier choc aura lieu.

On a formé un nouveau comité qui porte le nom de *Société mulhousienne de secours*

---

[1] A la tête de ce comité se trouvaient MM. Camille Châtel, Pierre Danner, Dollfus-Galline et Ertlé. De semblables comités fonctionnaient alors partout en Alsace.

aux militaires blessés.[1] Dans les écoles et partout, on prépare de la charpie pour les blessés.

Dimanche. 24 juillet.

On affiche aujourd'hui la proclamation de l'empereur au peuple français.[2]

---

[1] **Les membres du comité provisoire** étaient MM. Camille Châtel, docteur Claude, Emile Delmas, Charles Doll, Henri Gerbaut et J.-J. Læderich. M. Doll en devint ensuite, le 25 juillet, le président définitif. Un peu plus tard, M. Aug. Dollfus le remplaça dans ces fonctions. Puis, fin juillet, cette société devint une section auxiliaire de la *Société française de secours aux blessés des armées de terre et de mer*, dont le siège était à Paris, et plus connue sous le nom de *Société de secours international.*

[2] Voici le texte de ce document historique, que je copie dans l'*Industriel alsacien* :

« Proclamation de l'empereur »

Dépêche reçue à 9 h. 50

Paris, le 23 juillet, 7 h. 50 du matin.

« Français,

« Il y a dans la vie des peuples des mo-
« ments solennels où l'honneur national, vio-
« lemment surexcité, s'impose comme une
« force irrésistible, domine tous les intérêts
« et prend seul en mains la direction des
« destinées de la patrie.

« Une de ces heures décisives sonne pour
« la France.

« La Prusse, à qui nous avons témoigné

Jeudi, 28 juillet.

Nous allons maintenant avoir prochai-
nement du neuf. L'empereur a quitté Paris
pour rejoindre le quartier général à Metz,

« pendant et depuis la guerre de 1866 les dis-
« positions les plus conciliantes, n'a tenu au-
« cun compte de notre bon vouloir et de
« notre longanimité.

« Lancée dans la voie des envahissements,
« elle a éveillé toutes les défiances, nécessité
« partout des armements exagérés et fait de
« l'Europe un camp où règnent l'incertitude
« et la crainte du lendemain.

« Un dernier incident est venu révéler
« l'instabilité des rapports internationaux
« et montrer toute la gravité de la situation.

« En présence des nouvelles prétentions
« de la Prusse, nos réclamations se sont fait
« entendre. Elles ont été éludées et suivies
« de procédés dédaigneux.

« Notre pays en a ressenti une profonde
« irritation et aussitôt un cri de guerre a
« retenti d'un bout de la France à l'autre. Il
« ne nous reste plus qu'à confier nos desti-
« nées au sort des armes.

« Nous ne faisons pas la guerre à l'Alle-
« magne, dont nous respectons l'indépen-
« dance. Nous faisons des vœux pour que les
« peuples qui composent la grande nationa-
« lité germanique disposent librement de
« leurs destinées.

« Quant à nous, nous réclamons l'établisse-
« ment d'un état de choses qui garantisse
« notre sécurité et assure l'avenir.

« Nous voulons conquérir une paix du-
« rable, basée sur les vrais intérêts des
« peuples et faire cesser l'état précaire où

où il vient d'adresser une proclamation à l'armée du Rhin, qu'on affiche en ville.[1]

« toutes les nations emploient leurs res-
« sources à s'armer les unes contre les
« autres.

« Le glorieux drapeau que nous déployons
« encore une fois devant ceux qui nous pro-
« voquent, est le même qui porta à travers
« l'Europe les idées civilisatrices de notre
« grande Révolution.

« Il représente les mêmes principes, il ins-
« pirera les mêmes dévouements.

« Français, je vais me mettre à la tête de
« cette vaillante armée qu'anime l'amour du
« devoir et de la patrie.

« Elle sait ce qu'elle vaut, car elle a vu
« dans quatre parties du monde la victoire
« s'attacher à ses pas.

« J'emmène mon fils avec moi, malgré son
« jeune âge. Il sait quels devoirs son nom lui
« impose ; il est fier de prendre sa part dans
« les dangers de ceux qui combattent pour
« la patrie.

« Dieu bénisse nos efforts! Un grand peuple
« qui défend une cause juste est invincible.

(Havas)   « NAPOLÉON. »

[1] Un décret, daté du 23, nomma l'impé-
ratrice régente. Les départements du Haut-
Rhin et du Bas-Rhin furent déclarés en état
de siège. La proclamation de l'empereur à
l'armée est la suivante (d'après l'*Industriel
alsacien*) :

« Soldats !

« Je vais me mettre à votre tête pour dé-
« fendre l'honneur et le sol de la patrie.

« Vous allez combattre une des meilleures
« armées de l'Europe, mais d'autres, qui va-

Samedi, 30 juillet.

Les officiers et les sous-officiers de notre bataillon de la garde mobile ont quitté Mulhouse, ce matin, à dix heures. Le chef de bataillon est M. Dollfus-Galline.

Dimanche, 31 juillet.

Ce matin, à sept heures et demie, grande cérémonie sur la place du Nouveau-Quar-

---

« laient autant qu'elle, n'ont pu résister à « votre bravoure. Il en sera de même au- « jourd'hui.

« La guerre qui commence sera longue et « pénible, car elle aura pour théâtre des « lieux hérissés d'obstacles et de forteresses ; « mais rien n'est au-dessus des efforts per- « sévérants des soldats d'Afrique, de Cri- « mée, de Chine, d'Italie et du Mexique. « Vous prouverez une fois de plus ce que « peut une armée française animée du sen- « timent du devoir, maintenue par la disci- « pline, enflammée par l'amour de la patrie.

« Quel que soit le chemin que nous pre- « nions hors des frontières, nous y trouve- « rons les traces glorieuses de nos pères. « Nous nous montrerons dignes d'eux.

« La France entière vous suit de ses vœux « ardents et l'Univers a les yeux sur vous. « De vos succès dépend le sort de la liberté « et de la civilisation.

« Soldats !

« Que chacun fasse son devoir et le Dieu « des armées sera avec nous. »

« Au quartier impérial de Metz, le « 28 juillet 1870.

« NAPOLÉON. »

tier. Le corps des sapeurs-pompiers de
notre ville reconnaît son nouveau commandant, M. Alfred Kœchlin-Schwartz.

Lundi, 1ᵉʳ août.

Les classes de 1867 et de 1868 de notre
garde mobile sont parties aujourd'hui
pour Belfort. Elles se sont réunies à la
brasserie Danner et se sont, de là, rendues en cortège à la gare, précédées de
tambours et de clairons, et accompagnées
par les pompiers, des sociétés de chant
avec bannières en tête. Une foule énorme
les escortait. A la gare, le sous-préfet, M.
le baron Jacquinot, leur a adressé un petit
speech patriotique. A trois heures, le train
s'est mis en mouvement aux acclamations
de la foule qui encombrait les quais et les
alentours.

Mercredi, 3 août.

Première victoire de nos vaillants soldats !
Hier soir, vers dix heures, le tambour
de la ville a annoncé que l'armée française
vient de passer la frontière, près de Sarrebruck. Un combat a eu lieu. A onze heures
du matin, l'ennemi était repoussé.
Toute la soirée d'hier, des groupes par-
couraient la ville en chantant : « à Berlin !
à Berlin ! » L'enthousiasme était indescrip-
tible et continue aujourd'hui. On sort partout les drapeaux, et dans les bureaux on
ne travaille guère. On lit les journaux
qui contiennent déjà des détails sur la

première victoire de notre invincible armée.[1]

Hier, à deux heures de l'après-midi, les gardes mobiles des classes de 1865 et de 1866 sont partis à leur tour pour Belfort. On les a accompagnés à la gare avec le même enthousiasme.

Vendredi, 5 août.

De singuliers bruits circulent en ville. On prétend que les Français ont été battus hier près de Wissembourg par un corps d'armée prussien dix fois plus nombreux. A la sous-préfecture, on n'a pas de nouvelles certaines encore. L'animation et l'inquiétude sont très grandes. Je viens encore d'aller à la gare (10 heures du soir), pour avoir des nouvelles, mais en vain.

Samedi, 6 août.

Des dépêches arrivées de différents côtés confirment la nouvelle d'une défaite des Français à Wissembourg. Le général Abel Douay a été tué. C'est le frère du général Félix Douay, commandant le 7e corps

---

[1] C'est dans cette insignifiante affaire que le jeune prince impérial reçut le baptême du feu, comme disait la dépêche officielle, et ramassa des balles mortes tombées à ses côtés !

Sarrebruck, pris déjà par les Français en 1676, fut réuni à la France en 1794 et resta jusqu'en 1814 l'un des chefs-lieux d'arrondissement du département de la Sarre. Cette ville fut donnée à la Prusse en 1815.

d'armée qui campe depuis avant-hier près de la Doller. Les Prussiens étaient au nombre de 80,000 hommes contre 10,000 Français !

Les jeunes gens nés en 1850 vont être appelés sous les drapeaux. Théophile S. sera donc obligé de partir, ainsi que beaucoup de jeunes gens de ma connaissance.

Dans l'après-midi, vers trois heures, le fils Schacre, fils de l'architecte de nos églises, et Célestin Dietlin sont pris, l'un au Fossé, l'autre devant l'hôtel du *Lion-Rouge*, pour des espions et maltraités par la population très surexcitée. J'ai assisté à la première affaire et j'ai bien cru que c'en était fait de ce pauvre Schacre. La pluie venait de cesser et c'est à coups de parapluie qu'on est tombé sur lui. Heureusement, la police est intervenue pour protéger les deux, mais les malheureux sont assez vilainement arrangés.

Dimanche, 7 août.

Encore une mauvaise nouvelle, grave cette fois-ci, et que quelques personnes connaissaient déjà hier soir tard.

Le maréchal Mac-Mahon a été écrasé hier à Reichshoffen par une armée prussienne, quinze à vingt fois plus forte que la sienne. L'armée française est en pleine déroute sur Strasbourg, paraît-il. On est consterné en ville de ce nouveau revers et beaucoup de gens prennent peur. Des imbéciles affirment que déjà demain, peut-être, nous verrons des casques à pointe à Mulhouse.

Je suis allé ce matin me promener vers le Nouveau-Quartier, où il y avait beaucoup de monde attendant le défilé du 7e corps d'armée, du général Douay, qui campait à nos portes. En effet, j'ai vu, vers onze heures, filer (pas défiler) ces vingt mille braves — composés d'infanterie, de hussards et d'artillerie — venant du fond du faubourg de Bâle et se dirigeant sur Belfort. Tous ces pauvres diables, qui étaient arrivés en chantant, gais et enthousiastes, sont partis silencieusement, avec un air morne, lugubre, qui nous a tous singulièrement impressionnés. Seuls, les artilleurs passèrent en chantant leur refrain :

« *Artilleurs, mes chers frères* », etc. mais cela manquait d'entrain. Des paysans venus en ville, cette après-midi, ont raconté devant moi qu'ils ont vu, du côté de Niedermorschwiller et d'Illfurth, des fantassins jeter leurs fusils dans les fossés, en injuriant leurs chefs, et en prétendant qu'on les avait trahis.

De toutes façons, nous voilà maintenant abandonnés à Mulhouse et à la merci de l'invasion étrangère. Si c'est comme cela que le général Douay va venger son frère[1] tué à Wissembourg, c'est du propre !

---

[1] Cette phrase demande une explication. Le général Félix Douay, logé chez M. Nicolas Kœchlin, sous les Arcades, était sur le

Les élections pour le conseil municipal ont été suspendues ce matin, à neuf heures, à la suite de ces fâcheuses nouvelles. On les reprendra plus tard.

Lundi, 8 août.

La panique est très grande et beaucoup de personnes quittent la ville, de peur de l'invasion. En même temps que Mac-Mahon était écrasé à Reichshoffen, où tout le 9ᵉ cuirassiers (le même que nous avons eu à Mulhouse pendant les grèves) a été sacrifié pour sauver l'armée française, le général Frossard a été complètement battu à Spickeren, près de Forbach, par des forces ennemies bien supérieures.

Ce matin, on a affiché une proclamation

---

balcon de la maison, entouré de ses officiers d'état-major, quand il reçut la dépêche lui annonçant la défaite des Français à Wissembourg et la mort de son frère Abel. Il se leva de sa chaise en pâlissant et s'adressant à son entourage, à qui il communiqua la triste nouvelle en quelques mots, il ajouta d'une voix vibrante : « Messieurs, je jure que je vengerai la mort de mon frère ! ». On sait que Félix Douay rallia Mac-Mahon en quittant Mulhouse, et qu'il fut fait prisonnier à Sedan.

L'incurie et l'ignorance des officiers du 7ᵉ corps sont restées légendaires à Mulhouse : les cartes topographiques leur faisaient entièrement défaut, et d'aucuns d'entre eux prenaient la Hardt pour une rivière, pendant que d'autres confondaient le canal avec le Rhin.

du Conseil municipal recommandant le calme aux habitants, en présence d'événements si graves.[1] A partir d'aujourd'hui, les cafés, brasseries et auberges seront fermés à 9 heures du soir.

Ce soir, le bruit circule que les Prussiens sont devant les portes de Strasbourg, et que Mac-Mahon se replie sur Metz avec les débris de son armée.

Jeudi, 11 août.

Aucune nouvelle bataille n'a eu lieu depuis samedi.

Un décret appelle sous les armes tous les Français âgés de 25 à 35 ans.

---

[1] En voici le texte :

« Habitants de Mulhouse,

« Mulhouse est une ville ouverte, *dépour-*
« *vue* des moyens de défense et totalement
« *dépourvue* de troupes ; une résistance lo-
« cale possible ne ferait donc qu'attirer sur
« notre cité les plus grands malheurs, et nous
« exposerait à toute la rigueur des lois de la
« guerre.

« Le Conseil municipal invite dès lors les
« habitants à s'abstenir de tout acte indivi-
« duel dans le cas où les craintes d'inva-
« sion viendraient malheureusement à se
« réaliser.

« Le Conseil restera en permanence pour
« la protection des intérêts de la ville et
« compte sur le concours de tous les ci-
« toyens pour le maintien de l'ordre et de la
« tranquillité.

« Délibéré en séance du Conseil municipal
« à l'Hôtel de ville, le 8 août 1870. »

Samedi, 13 août.

Les communications avec Strasbourg sont interrompues. On dit que les Prussiens ont investi la ville et la bombardent, mais que le commandant de la place, le général Uhrich, refuse de se rendre.

Dimanche, 14 août.

Le Conseil municipal a ouvert un second bureau d'enrôlements volontaires, à l'Ecole primaire de la rue des Champs-Elysées. Il y en a déjà un à la mairie. Beaucoup de jeunes gens se sont déjà engagés.

Mardi, 16 août.

Rien de neuf, du moins rien de sérieux.

On s'occupe à présent activement d'organiser la garde nationale à Mulhouse.[7]

----

[1] La commission de recensement, chargée de dresser le recensement des hommes à incorporer dans la garde nationale, se composait de MM. Nicolas Kœchlin fils, de Lacroix, Fritz Kœchlin, Charles Doll, Christmann, Jules Gros, Zengerlin, ouvrier de chemin de fer, Couget-Mœrlen, Eug. de Pouvourville, Broihier, président de la société de secours la « Mulhousienne », Jean Danner, Charles Bohn, Ch. Couchepin, Gaspard Ziegler, Jules Guth, Alfred Meyer-Baumgartner, D. Guillemin, ancien sous-officier, chevalier de la Légion d'honneur, concurremment avec MM. Heilmann, Gerbaut, Dujardin, Steinbach, Bertelé, Beugniot, Huguenin, Nægely, Muller, Zipélius, Bœhler, Romann, Bœringer, Wacker-Schœn, Stengel-Schwartz et Roth, conseillers municipaux, désignés en conseil municipal.

Mercredi, 17 août.

Des nouvelles de toutes sortes circulent en ville sur le résultat de batailles livrées du côté de Metz, mais rien d'officiel. La population est inquiète et surexcitée. Il serait temps de savoir ce qui se passe.

On parle aussi de sorties victorieuses faites par la garnison de Strasbourg, que les Prussiens bombardent depuis le 15. D'un autre côté, on prétend que les Prussiens sont déjà aux environs de Schlestadt et de Sainte-Marie-aux-Mines. En tout cas, le chemin de fer ne marche plus au delà de Colmar.

Vendredi, 19 août.

Bonne nouvelle ! Les Prussiens ont été brossés à Rezonville, près de Metz. Ils ont perdu énormément de monde, mais les Français ont eu un général de tué [1] et un autre a disparu.

Dimanche, 21 août.

Ce matin, à dix heures, nous avons eu un fort orage. La grêle est tombée en abondance et il y a eu une petite inondation dans le centre de la ville, dans les rues des Tanneurs, des Bouchers, des Bons-Enfants, que traverse le Stadtbæchlein.

Lundi, 22 août.

Depuis trois jours, l'ennemi bombarde

---

[1] C'était le général Legrand, qui commandait la division de cavalerie du 4e corps (corps Ladmirault).

Strasbourg, sans relâche, depuis Kehl. La garnison riposte en tirant sur cette ville, où elle met le feu. C'est l'armée badoise, sous le commandement du général Werder, qui assiège Strasbourg.

Aujourd'hui les francs-tireurs du Haut-Rhin, venant de Belfort, passent par notre ville. On les reçoit avec plaisir, comme on pense bien.

Mardi, 23 août.

On est sans nouvelles positives du théâtre de la guerre. La ligne du chemin de fer de Mulhouse à Paris est coupée, prétend-on.

Il paraît que la ville de Nancy a été prise par quatre uhlans ! Personne n'a osé se défendre !...

L'ennemi bombarde Toul et Phalsbourg, comme il le fait à Strasbourg. Autour de Metz, l'armée française s'est battue tous ces derniers jours, sans remporter, hélas ! de victoires décisives.

Mercredi, 24 août.

Excellente nouvelle arrivée hier soir. Une dépêche annonce que 40,000 Prussiens ont été culbutés, le 18 de ce mois, dans les carrières de Jaumont.[1] Tout le monde est radieux, car cette défaite sérieuse va arrêter l'invasion.

---

[1] Cette histoire des carrières de Jaumont était une des innombrables fausses nouvelles de cette triste époque.

Jeudi, 25 août.

Les nouvelles sont excellentes aujourd'hui, suivant la dépêche du préfet de Colmar, qu'on vient d'afficher.[2]

Le général Werder bombarde toujours Strasbourg.

Arrivée à Mulhouse des francs-tireurs de Mirecourt.[2] Ils sont tous armés de chassepots.

Samedi, 27 août.

Une dépêche, de source allemande, annonce que le corps d'armée du prince royal continue sa marche sur Châlons-sur-Marne. Les communications directes du Haut-Rhin avec Paris vont être coupées.

Metz, dit-on, est complètement investi par deux corps d'armée ennemis, mais le maréchal Bazaine s'y tient avec la garde impériale et défendra vaillamment la ville.

---

[1] Elle était adressée aux maires ayant bureau télégraphique et disait :

« Le ministre de la guerre annonce que « les nouvelles de nos armées sont bonnes « et me dit de rassurer la population.

« Activez le départ des hommes appelés « au service.

« Département tranquille.

« L'emprunt est couvert et la souscription est close ».

[2] Dans cette vaillante petite troupe se trouvaient M. Adam, substitut du procureur impérial de Nancy, M. Eugène de Mirecourt, le romancier connu, et d'autres personnages de marque.

Dimanche, 28 août.

Le bruit a couru hier soir que notre armée a remporté une grande victoire sur les Prussiens. Le nombre des blessés et des morts serait de plus de 80,000. La joie est très grande partout. Pourvu que ce ne soit pas encore une fausse nouvelle. C'est un franc-tireur venu de Belfort qui a colporté les détails en ville.

Mardi, 30 août.

Des personnes venues de Bâle affirment qu'il y est arrivé une dépêche annonçant que l'armée du général Steinmetz a été battue et que lui-même aurait été destitué de ce fait. D'autres nouvelles contradictoires circulent en ville.

Mercredi, 31 août.

L'*Industriel alsacien* donne aujourd'hui des détails révoltants sur le bombardement de Strasbourg. Les Badois se conduisent là-bas à se croire revenu au temps de la barbarie : ils ont tiré sur la cathédrale, sur les écoles et même sur les hôpitaux. Ils ont aussi mis le feu à la bibliothèque, qui est complètement brûlée. Il y a également beaucoup d'habitants tués par les obus.

Jeudi, 1ᵉʳ septembre.

L'organisation de la garde nationale de Mulhouse avance rapidement. Seulement, on n'a toujours pas de fusils à lui donner.

Cette nuit, un incendie a éclaté chez Paul Dreyfus et Cie.

Vendredi, 2 septembre.

Nouvel incendie, la nuit dernière dans la rue des Trois-Rois, chez les Vetter.

Samedi, 3 septembre.

Hier, une compagnie de francs-tireurs lyonnais a débarqué ici. Dans cette troupe, il se trouve une femme portant crânement le costume militaire de notre sexe. Cependant, elle n'est pas précisément très jeune.

Lundi, 5 septembre.

Des nouvelles très graves ont encore circulé hier matin en ville. On a appris bientôt par une dépêche de Bâle qu'elles n'étaient malheureusement que trop vraies et que l'armée française a été complètement anéantie à Sedan. Personne n'a voulu d'abord croire à cette épouvantable catastrophe. Je me suis promené, avec mes amis, toute l'après-midi, de la sous-préfecture à la mairie, pour avoir des nouvelles positives.

Le soir, après le souper, est arrivée une autre dépêche : le Corps législatif a décrété la déchéance de la famille impériale et le peuple a proclamé la République. Un gouvernement provisoire est installé à l'Hôtel de ville. Un des francs-tireurs monte l'escalier de notre mairie et crie la nouvelle du perron. Des membres de notre conseil municipal lui recommandent le calme et le font descendre. La population est restée dans les rues une bonne partie de la nuit.

Ce matin, le Conseil municipal a fait afficher deux proclamations annonçant les événements survenus, dont voici le texte :

Le Conseil municipal aux habitants de Mulhouse.

Concitoyens !

Dans les circonstances où nous nous trouvons, il ne nous suffit pas d'armer la garde nationale, ce qui sera un fait accompli demain : la patrie exige d'autres efforts ; que tous les hommes valides, dont la présence n'est pas indispensable dans leurs foyers, volent à la défense du sol natal, qu'ils n'attendent pas une heure, qu'ils se rappellent qu'en 1792 un seul cri s'échappa de toutes les poitrines :

Vaincre ou mourir !

Que cette devise de nos pères soit la nôtre aujourd'hui, et, comme eux, nous sauverons la patrie. Les bureaux d'enrôlement resteront ouverts en permanence, et la ville fournira les premiers frais de route à ceux qui en feront la demande.

Délibéré en Conseil municipal, le dimanche 4 septembre 1870.

La seconde proclamation, datée d'aujourd'hui, dit :

Habitants de Mulhouse,

Les dépêches télégraphiques affichées ce matin, vous ont appris la déchéance de la dynastie impériale et la proclamation de la République.

« Un gouvernement provisoire a entrepris l'œuvre patriotique de sauver la France. Il ne peut atteindre ce but glorieux que si tous les citoyens, unis dans une seule pensée, lui apportent un concours entier pour la défense du pays et le maintien de l'ordre.

Nous vous le disions hier : que ceux dont la présence n'est pas indispensable dans leur famille, se rendent à l'armée ; que les autres servent la France, en défendant leurs foyers, en continuant leur travail et en conservant une attitude digne et patriotique.

La Municipalité, en permanence depuis un mois, restera en fonctions jusqu'à ce que le gouvernement provisoire ait pourvu à l'administration de la ville.

Elle compte sur votre concours dévoué pour l'accomplissement de sa mission.

La Municipalité de Mulhouse.

(Le même soir.)

Après le dîner, aujourd'hui, je suis sorti chercher mon ami Jules, et nous sommes allés nous promener, comme nous avons coutume de le faire tous les jours entre une et deux heures, avant d'aller à notre travail. En nous engageant dans le faubourg de Bâle, nous voyons accourir, à bride abattue, un jeune paysan à cheval qui s'arrête tout à coup pour nous demander où se trouve la sous-préfecture. Nous lui indiquons son chemin, et il nous raconte qu'il vient en toute hâte des bords du Rhin chercher du secours, qu'un corps d'armée badois, fort d'au moins 5,000 hommes, veut passer le fleuve et tire à coups de canon sur Kembs, Niffer, etc., que tous les paysans courent aux armes et qu'ils sont décidés de défendre chèrement leur vie.

Notre paysan repart au galop, pendant que nous le suivons en nombre, en criant : — « Aux armes ! l'ennemi franchit le Rhin ! » La nouvelle de l'invasion se répand comme une traînée de poudre et, en peu d'instants, les rues sont encombrées de monde. Je remarque beaucoup de femmes et d'enfants. Bientôt, les nouvelles les plus alarmantes et les plus contradictoires circulent, mais l'avis unanime est qu'il faut se défendre et résister à l'invasion.

Tout à coup on entend le tambour battre le rappel. La garde nationale armée et les pompiers se rassemblent sur la place de la Réunion, où on leur distribue des cartouches. Pendant qu'ils chargent leurs armes, un ou deux coups de fusil partent en l'air. L'émotion grandit et l'attitude de ces hommes, presque tous pères de famille, silencieux et l'air décidé, fermement résolus à combattre pour défendre leurs foyers menacés, est un spectacle dont je me souviendrai longtemps.

Pendant ce temps, un train spécial est préparé à la gare, et gardes nationaux et pompiers s'y entassent. Mon père et mon frère Charles, tous deux sergents de pompiers, sont du nombre. Je vois partir le train, depuis le pont de Riedisheim.

M. Alfred Kœchlin-Schwartz, le commandant en chef des pompiers, s'est placé sur la locomotive, à côté du mécanicien et du chauffeur. Le train part dans la direction de la Hardt. Il est aussi accompagné par plusieurs employés du chemin de fer, entre autres, par M. Tourtallier.[1]

Nous nous décidons, mon ami Jules et moi, à aller voir ce qui se passe, car on prétendait maintenant que l'ennemi avait franchi le Rhin et qu'il était déjà près de Habsheim. Nous prenons par Rixheim, puis par le Chemin-Creux et arrivons, entre quatre et cinq heures, à Rixheim, que nous traversons en toute hâte, nous dirigeant vers Habsheim. A peine sommes-nous sortis de Rixheim (en compagnie d'autres Mulhousiens rencontrés en route), que nous entendons distinctement de nombreux coups de feu. Plus de doute, on se bat du côté de Habsheim !

Nous avançons prudemment. Un peu plus loin, nous voyons des paysans venir de notre côté. Leur allure n'a rien d'anormal. On les interroge, et ils nous répondent que les coups de feu entendus par nous proviennent des gardes nationaux du village, qui tirent à la cible non loin de là...

On rit et nous poursuivons notre chemin. Cependant, comme personne ne veut

---

[1] Un peu plus tard, il fit fonction de chef de gare, en l'absence du personnel dirigeant de la Compagnie de l'Est.

avoir vu de Prussiens, ni de loin, ni de près, nous finissons par revenir sur nos pas, car il se fait déjà assez tard.

En ville, l'animation est toujours très grande et nous rencontrons des compagnies de gardes nationaux de différents villages, Pfastatt, Lutterbach., etc., armés de piques, de fourches, quelques-uns de fusils à pierre, qui partent également pour Kembs.

Ce soir, nos pompiers et gardes nationaux reviennent, pour la plupart, des bords du Rhin. Il paraît qu'il n'y a eu qu'une fausse alerte et que les Badois n'ont nullement franchi le fleuve. Tout se réduit à quelques coups de fusil échangés entres les deux rives, et quelques boulets envoyés par les Badois, qui ont plusieurs vieux canons et des mortiers à leur disposition.[1]

Mardi, 6 septembre.

Aujourd'hui, les nouvelles sont navrantes : l'empereur a été fait prisonnier, Mac-Mahon est blessé à la hanche par un éclat d'obus. Une partie de l'armée française — on dit 40,000 hommes — est prisonnière, le reste s'est réfugié en Belgique — environ 12,000 hommes.

Malgré cela, la joie est grande en ville depuis que l'on sait que la République est

---

[1] On trouvera plus loin, dans les *Notes complémentaires,* une notice spéciale consacrée à l'affaire de Kembs.

proclamée. Elle sauvera la patrie en danger.

L'Electeur souverain — Der Souveräne Wahlmann — paraît à partir d'aujourd'hui sous un autre titre. Il s'appelle maintenant *La République du Peuple — Die Volks-Republik.*[1]

Mercredi, 7 septembre.

Il se forme ici une compagnie de francs-tireurs mulhousiens. On s'enrôle à la brasserie Danner, à la Porte-Jeune.[2] J'ai voulu m'engager dans leur corps, mais ma mère s'y oppose énergiquement, sous le prétexte qu'elle a assez d'un fils sous les drapeaux. Mais je vais m'engager par contre dans la garde nationale.

M. Jules Grosjean vient d'être nommé préfet du Haut-Rhin et M. Valentin, préfet du Bas-Rhin.

Jeudi, 8 septembre.

Nous recevons enfin des nouvelles de mon frère Emile. Ce matin, le facteur nous a remis une lettre écrite au crayon, avec le timbre de la gare de Tergnier (Aisne), dans laquelle Emile nous dit que les ouvriers artilleurs ayant été incorporés dans les compagnies actives, ils ont dû rejoin-

---

[1] Ce journal avait été fondé le 12 mars 1870. Il cessa de paraître le 17 décembre 1870.

[2] Le comité provisoire de nos francs-tireurs se composait de MM. Henry Schwartz, Aug. Laurent, Lehr fils, Desmet, Charles Hofer, Georges Bodemer.

dre leur régiment à Sedan, où ils se sont battus dès leur arrivée. Emile a été fait prisonnier, mais a pu se sauver avec un camarade. Ils ont passé toute une nuit dans un champ de pommes de terre.

Il nous annonce aussi qu'il est légèrement blessé et qu'il a rejoint le corps d'armée du général Vinoy, qui se replie sur Paris.

Hier soir, deux compagnies de francs-tireurs parisiens sont arrivées en ville. On les a logées chez les habitants.

Hier, aussi, les conscrits de la classe de 1870 ont tiré au sort.

Lundi, 12 septembre.

Les pompiers de notre ville sont munis de fusils à tabatière. On en donnera aussi aux gardes nationaux. Un groupe de ceux-ci vient de se former en compagnie de tirailleurs, sous le commandement de M. Charles Doll. Ils sont bien armés et équipés.

Un peloton de garde nationale à cheval a également été créé. Ils sont au nombre d'environ 200 cavaliers. M. C. W. en est. Il s'exerce dans la cour à tirer à la cible avec son revolver d'ordonnance.

Mercredi, 14 septembre

Une dépêche officielle annonce que l'ennemi est signalé aux environs de Paris. Mais la capitale se défendra vigoureusement.

Notre Conseil municipal s'adjoint cinq

nouveaux membres[1] et nomme dans son sein une Commission municipale,[2] qui siégera en permanence.

Première invasion de Mulhouse

Mardi, 27 septembre.

J'ai interrompu mon journal pendant quelques jours, par suite des événements. Nous avons eu notre première invasion, et voici comment les choses se sont passées :

Mercredi 14 septembre, on avait affiché à la mairie que les Prussiens avaient occupé Colmar, après un petit engagement avec les francs-tireurs de Saint-Denis et quelques gardes nationaux. L'émotion fut générale en ville : on allait donc voir des casques à pointe de près. Cependant, vers le soir, il circula un bruit qui donna le frisson à beaucoup de gens : on prétendait que les Prussiens emmenaient les jeunes gens pour les faire travailler aux tranchées devant Belfort.

---

[1] C'étaient MM. Alfred Kœchlin-Steinbach, docteur Klippel, Alfred Kœchlin-Schwartz, Louis Chauffour et Merklen père.

[2] La composition de la *Commission municipale* de 1870-71 devint définitivement la suivante : MM. Auguste Dujardin, Lazare Lantz, Ch. Bertelé, Victor-Amédée Tagant, Aug. Dollfus, Henry Bock, Henri Schwartz, Alfred Kœchlin-Schwartz, Godefroi Engelmann, Ch. Wacker-Schœn, Louis Chauffour, Paul Heilmann - Ducommun et Georges Steinbach.

Le lendemain, à six heures du matin, ma mère me réveilla, ainsi que mon frère Jules, en nous disant de nous préparer à partir, par le train de huit heures, pour la Suisse. A nos objections, ma mère répondit qu'il était arrivé des personnes fuyant Colmar, lesquelles affirmaient formellement que l'on avait emmené près de 400 jeunes gens aux tranchées, qu'en outre on avait tiré sur les maisons de la ville, etc., et qu'elle voulait absolument nous savoir, nous au moins, hors de tout danger. Après un débat assez animé, nous finîmes par céder à ses supplications et nous nous levâmes. Je courus faire mes adieux à mes amis Jules et Eugène, et de là, j'allai prévenir M. C. W. de mon départ. Eugène et ses deux frères partirent avec nous et Jules nous rejoignit le même jour, mais en voiture, car déjà le chemin de fer ne marchait plus.

Arrivés à Bâle, nous attendîmes quelques minutes à la gare, pour voir arriver le train supplémentaire qui devait nous suivre de près. Nous restâmes encore toute la journée à Bâle, puis nous partîmes le lendemain matin à 5 h. 40 pour Liestal et de là pour Langenbruck, où nous nous installâmes pour de bon. Eugène et ses frères restèrent à Bâle, à l'hôtel de France, en face de la gare, où, entre parenthèses, le maître d'hôtel nous a étrillés de la belle façon.

Tout le temps que nous sommes restés à Langenbruck, nous l'avons passé à faire des excursions dans les montagnes et à lire les journaux, entre autres le *Berner Bund* et la *Zürcher Zeitung,* par lesquels nous apprîmes que Mulhouse avait été occupé par un corps de 5000 Badois, le jour après notre départ seulement, à neuf heures du matin. Il était dit aussi dans ces journaux que l'ennemi faisait d'énormes réquisitions, mais pas un traître mot d'enlèvement de jeunes gens. C'était encore une de ces fausses alertes, comme nous en avons continuellement depuis le commencement de cette malheureuse guerre.

Au bout du second jour de séjour à Langenbruck, nous reçûmes deux lettres de nos parents, dans lesquelles ils nous disaient que les Prussiens étaient chez nous, mais que tout était tranquille. Ces lettres avaient été remises, l'une à un cocher, l'autre à Rauch, portier de l'école primaire, partis les deux pour Bâle, dans la journée de samedi et qui avaient mis ces lettres à la poste.

Nous fîmes donc nos préparatifs de départ, mais notre frère Charles vint, le soir même, nous rejoindre à Langenbruck. Il était parti le jour après nous, c'est-à-dire le jour même de l'arrivée des Prussiens, mais il avait passé par Altkirch et Porrentruy, la plupart du temps à pied.

Dans ces conditions, nous restâmes encore deux jours et ce n'est que mardi dernier que nous sommes revenus dans cette bonne ville de Mulhouse, par le train d'onze heures du matin. Nous avions, au préalable, envoyé une dépêche au chef de gare français à Bâle, pour le prier de nous indiquer les départs des trains pour Mulhouse. Celui que nous avons pris était le premier qui marchait de nouveau.

A Bâle, nous rencontrâmes Eugène, qui rentra avec nous. Jules avait poussé jusqu'à Sissach et nous suivit de près.

Arrivés chez nous, nos parents nous racontèrent en détail tout ce qui s'est passé pendant notre absence.

Mon père était allé au jardin le matin de bonne heure, à sept heures et demie, pour chercher du raisin, lorsqu'on vint lui dire que les Prussiens étaient déjà à quelques pas de la ville. Il se hâta de rentrer, et prit par le haut, soit par le pont d'Altkirch, la porte du Miroir et la rue des Trois-Rois. Il était alors neuf heures. Au milieu de la rue des Tanneurs, il entend un galop de chevaux et, lorsqu'il se retourne, il voit deux dragons badois descendre la rue, à bride abattue, venant de la Porte-Haute. Ils tenaient chacun un pistolet tout armé à la main, criant de temps en temps : « *Die Läden auf !* » (Ouvrez les volets !)

Au coin de la rue des Bouchers, ils s'arrêtèrent un instant, pour demander à une femme le chemin de la mairie, qu'elle leur indiqua. En passant, un des deux cavaliers avaient salué mon père d'un bonjour, en l'appelant par son nom, auquel il ne répondit pas, bien entendu. C'était un ouvrier charpentier de chez Rückert, l'entrepreneur, qui travaillait, il y a quelques semaines encore, dans les ateliers de ce dernier, et auquel mon père avait eu affaire.

En même temps, l'infanterie et la cavalerie pénétrèrent en ville de trois côtés différents, par la Porte-Jeune, par la porte de Bâle et par la chaussée de Dornach. On les logea au faubourg de Bâle et aux environs de la gare.

Toute la ville était sur pied, et comme c'étaient des soldats badois, ils eurent bien vite noué connaissance avec leurs compatriotes résidant en grand nombre à Mulhouse.

Le lendemain, samedi, à onze heures du matin, ils partirent en toute hâte, en laissant passablement de provisions intactes, entre autres de la viande qu'on distribua aux pauvres.

Ils avaient, le même matin, avant leur départ, affiché l'ordre aux habitants de livrer les armes à feu, les armes de toutes sortes, etc. Cette sommation n'eut pas grand succès...

Dans cette même matinée, l'ennemi fit aussi sauter une partie du pont du chemin de fer passant sur l'Ill, près de la Fonderie.

La classe de 1870, qui avait, quelques jour auparavant, tiré au sort, avait quitté Mulhouse avant l'arrivée de l'ennemi, sur l'ordre reçu du général de Belfort et qu'on avait placardé sur les murs de notre ville. Cependant, un certain nombre d'entre eux avaient filé sur Bâle, où nous avons pu les voir. En général, il y a eu énormément de jeunes gens en Suisse ces jours-ci, tous ayant fui devant la perspective d'aller faire des tranchées devant Belfort. Quoiqu'il arrive maintenant, on ne m'y prendra plus !

— Les autres nouvelles de la guerre pendant ces derniers jours, ne sont pas autrement intéressantes. Je mentionnerai cependant la belle conduite de la Suisse, qui a envoyé une délégation devant Strasbourg et qui a obtenu du général Werder de pouvoir faire sortir de cette ville les vieillards, les femmes et les enfants. On les a dirigés sur Bâle, par le grand-duché de Bade. C'était le 15. Le lendemain, un second convoi d'une cinquantaine de personnes a pu quitter Strasbourg.

Samedi, le 17, des officiers ont arrêté à dix heures et demie du matin, M. Bernardini, rédacteur en chef de l'*Industriel alsacien,* sur l'ordre donné, paraît-il, par le général du corps d'armée, nommé Keller. On l'a conduit à Rastatt par Chalampé, avec d'autres pesonnes arrêtées.[1]

Notre Municipalité a pris, il y a quelques jours, une décision patriotique. Dorénavant la rue Napoléon s'appellera *rue de Strasbourg,* et la place Napoléon prendra le nom de *place de la République.*

-----

[1] On trouvera de plus amples détails sur cette arrestation dans les *Notes complémentaires* qui suivront le présent récit.

Jeudi, 29 septembre.

Strasbourg **a** capitulé avant-hier, à neuf heures du soir, aux mêmes conditions que Sedan, avec 17,000 hommes (y compris la garde nationale) et 451 officiers. La ville est dans un état pitoyable, tout est incendié et détruit. On ne voit plus que des ruines partout.

Strasbourg a vaillamment résisté, Strasbourg a bien mérité de la patrie!

Deuxième invasion de Mulhouse

Dimanche, 2 octobre.

Depuis plusieurs jours déjà, on racontait en ville qu'un corps d'armée ennemi de 40,000 hommes allait passer par Mulhouse pour aller faire le siège de Belfort et de Neuf-Brisach. Ce corps d'armée était devenu disponible, disait-on, par suite de la capitulation de Strasbourg.

Notre garde nationale à cheval a fait là-dessus tous les jours des reconnaissances aux environs, notamment du côté du Rhin; mais ni jeudi, ni vendredi, elle n'a rien signalé de nouveau. Cependant, hier matin, elle est revenue annoncer que les Prussiens avaient franchi le Rhin et que le village de Chalampé est entièrement cerné par eux.

Les gardes nationaux à cheval continuèrent leurs reconnaissances et, dans l'après-midi, ils revinrent annoncer que l'ennemi avançait et occupait Banzenheim. Il n'y avait donc plus de doute à avoir, nous allions revoir les casques à pointe.

Une compagnie de francs-tireurs bretons campait près du canal, non loin de la minoterie à vapeur de MM. E. et J. Kœchlin.[1] A ces nouvelles, ils se hâtèrent de gagner la Hardt, pour attendre l'ennemi au passage. La nuit du samedi au dimanche se passa sans incident, mais ce matin, les Prussiens poussèrent jusqu'à Ottmarsheim, où ils arrivèrent lorsque tout le monde se trouvait à l'église. Ils continuèrent leur marche, précédés par 140 éclaireurs, dont 40 uhlans en tête. A peine le premier cavalier eut-il dépassé le village, qu'il fit la culbute et roula par terre, une balle dans le corps. Le second, le troisième, une vingtaine firent la même manœuvre. Le reste de l'avant-garde s'empressa alors de rétrograder. Ils arrêtèrent un paysan de Petit-Landau qui se trouvait là par hasard ou par curiosité, et le sommèrent de leur dire s'il y avait des soldats ou des francs-tireurs embusqués dans la Hardt. Le paysan fit l'ignorant. Ils s'adressèrent alors à un autre villageois, dont ils ne purent rien tirer non plus.

Les uhlans assayèrent de s'avancer encore une fois, mais, comme la première fois, ils durent battre en retraite. Furieux de leur échec, ils pillèrent alors le village pendant deux heures de temps, sous le prétexte que les habitants auraient dû les prévenir de la présence des francs-

---

[1] Cette minoterie s'élevait près de la passerelle plus récente du quai de l'Alma.

tireurs. Ils commencèrent par la première maison, emportant tout ce qui leur convenait, brisant le reste. A un seul paysan, ils ont pris quinze vaches et bœufs. Puis, ayant satisfait leur cupidité, ils rejoignirent leur corps d'armée. Une heure après, l'armée entière défila par le village. Les francs-tireurs, eux s'étaient repliés sur Huningue.

— Cette après-midi, vers 2 heures, je suis allé me promener avec des amis au Tannenwald, et de là, passant par derrière, nous avons pris la route qui mène à Riedisheim. Arrivés non loin de ce village, nous apercevons tout à coup un franc-tireur poursuivi par cinq uhlans, qui se sauve à travers champs et gagne les vignes, où il parvient à se cacher. Ce franc-tireur leur a tué un chef.

Cinq minutes après cette aventure, nous traversons le village et, arrivés près de l'auberge de la *Ville de Mulhouse,* nous voyons distinctement, dans la direction du pont du canal « Nazibrücke », environ 500 uhlans en marche, dont une partie se dirige sur Riedisheim, l'autre s'avance vers le faubourg de Bâle.

Pendant ce temps, l'infanterie et la landwehr occupaient Rixheim et l'Ile Napoléon.

Nous nous empressons de rentrer pour annoncer la nouvelle. Mais elle était déjà connue, et nous tombons sur une foule immense qui encombre la place du Nouveau-Quartier et la place de la Réunion.

Cependant les uhlans s'étaient avancés également de Riedisheim sur Mulhouse, mais en voyant tant de monde sur la route, ils firent halte, puis rebroussèrent chemin jusque dans le village.

Un peu plus tard, quelques personnes revenant des villages environnants, sont arrêtées par les Prussiens qui leur enjoignent de se charger, pour la Municipalité de Mulhouse, de la sommation de réquisitions de viande, de pain et de vin, à livrer immédiatement, sinon ils bombarderont la ville. La municipalité s'exécute, bien entendu, mais les ouvriers, exaspérés, arrêtent les voitures sur la Place du Nouveau-Quartier et les dévalisent complètement. Il est alors environ sept heures.

Avant six heures, j'étais allé encore une fois aux nouvelles, poussant jusqu'au bout du faubourg de Bâle, où, à deux pas de l'octroi, une vingtaine de Prussiens étaient plantés en avant-garde. Deux uhlans, un énorme pistolet au poing, se tenaient à deux pas, en avant. Beaucoup de monde sur la route. Je revins sur mes pas. Arrivé devant l'Hôtel de ville, je vis des groupes nombreux réclamant des armes et traitant les conseillers municipaux de lâches et autres aménités du même genre. On les laissa cependant dire et faire.

Vers sept heures et demie, je me rendis chez mon ami Jules et nous nous entretînmes des événements de la journée. Sa mère et d'autres personnes étaient avec nous. Tout à coup, nous entendons trois coups de feu tirés tout près de nous, dans la direction de la grande place. Comme on ne savait trop ce que cela voulait dire, chacun se sauva dans les maisons, persuadé que c'étaient les Prussiens qui, étant entrés en ville, tiraient sur la foule.

J'allai m'assurer de la chose, et arrivé sur la place, au coin de Binda, l'opticien, j'eus l'explication de ce qui se passait. Les ouvriers, passant des menaces aux actes, avaient commencé par bombarder la mairie à coups de pierre, qu'ils cherchaient sur la place Lambert, et démolirent toutes les vitres de la salle du conseil.[1] Les conseillers, ne se voyant plus en sûreté, font distribuer des piques aux gardes nationaux présents, qui chargent alors la foule. Un individu, âgé d'environ quarante-cinq ans, un ouvrier de la Fonderie, du nom de Schumacher, comme j'ai appris, veut à ce moment monter à la mairie pour jeter, dit-il, les conseillers municipaux par la fenêtre. Il lance une pierre à la tête d'un garde de nuit, qui descend l'escalier et lui enfonce sa pique dans l'estomac. Il en est mort, une heure après, au corps de garde de police, où je l'ai vu à l'agonie.

C'est à ce moment qu'on tira plusieurs coups de revolver sur la foule, qui s'em-

---

[1] Quelques-uns des beaux vitraux anciens de cette salle furent très endommagés ce jour-là. On les a réparés ensuite et garantis par des grillages extérieurs en fil de fer, contre de futurs accidents du dehors.

pressa de se disperser. Un Badois, venu
de Landau le matin, reçut une balle dans
le bras. Il loge dans l'impasse des Bœufs,
chez Weber, et est tailleur de sa profession. Une balle est aussi allée se loger
dans les jupes d'une femme du peuple.

Quelques instants après, on a battu le
rappel pour les pompiers et la garde nationale. Je me suis par conséquent rendu
à la mairie, où j'ai reçu une pique comme
tout le monde. Il paraît que ces instru-
ments ont été fabriqués à la hâte, ces
jours-ci, à la Fonderie. J'ai été posté de
faction près de la pharmacie Risler, du
côté de la rue des Bouchers, en compagnie de plusieurs autres gardes nationaux,
entre autres de M. Mansbendel-Hartmann,
qui était armé d'un fusil de chasse à deux
coups. L'agitation était extrême dans la
foule qui, à plusieurs reprises, a cherché
à rompre notre cordon, mais nous tenions
ferme.

Ensuite, nous avons dû faire des patrouilles à la Cité, jusqu'à deux heures du
matin. Le calme ne s'est rétabli dans ce
quartier que fort tard et partout sur notre
passage, on criait et réclamait. Par ci,
par là, on entendait des coups de feu tirés
par des écervelés quelconques, sans doute
pour se monter la tête.

Je suis rentré ensuite me coucher, en
emportant ma pique chez moi.

Lundi, 3 octobre.

Je me suis levé ce matin de bonne
heure et ayant rencontré un ami, nous

sommes allés jusque vers Bénac, au fin fond du faubourg de Bâle, où nous avons rencontré un bataillon de landwehr qui se dirigeait sur Sausheim. Un paysan qui passait en voiture a été emmené en réquisition par les soldats. A huit heures et demie, j'étais de retour en ville, où aucun Prussien n'avait encore fait son apparition.

Vers dix heures, deux cents uhlans passent au grand galop le long du canal, se dirigeant du côté de Brunstatt, où ils vont en reconnaissance. En même temps, quelques soldats pénétrèrent en ville pour chercher des vivres. Ils annoncent que l'armée viendra s'installer dans la ville à deux heures.

Pendant ce temps, la Municipalité a adressé, par voie d'affiche, l'appel suivant à la population :

Habitants de Mulhouse,

L'ordre a été violemment troublé dans la soirée d'hier.

Au moment même où nous subissions la douleur d'une nouvelle invasion, et où un corps d'armée prussien adressait à la mairie des réquisitions de vivres, auxquelles une ville sans défense est forcée d'obéir pour éviter une exécution militaire, des attroupements séditieux se formaient dans divers quartiers de la ville : on pillait des voitures ; une bande de malfaiteurs commettait à la mairie des dévastations odieuses.

Grâce à l'aide de citoyens courageux, cette agression injustifiable a été réprimée et plusieurs des coupables sont entre les mains de la justice.

Dans les tristes circons'ances où se trouve la ville, la Municipalité adresse un appel chaleureux à tous les gens de bien ; elle engage les ouvriers à se livrer à leur travail habituel, et demande à tous les citoyens leur concours pour le maintien de l'ordre.

Ceux qui le troubleraient à l'avenir, en formant des attroupements, seront poursuivis avec toute la rigueur des lois sur l'état de siège.

La Municipalité.

A trois heures et demie de l'après-midi, l'ennemi fait son entrée en ville, musique en tête. On le loge au Collège, à l'Ecole professionnelle, à la caserne de gendarmerie, au chemin de fer et dans quelques magasins de négociants, comme, par exemple, chez Labbé, Joriaux et Cᵉ. En même temps, quelques détachements d'infanterie vont en reconnaissance du côté d'Altkirch. Une compagnie du 25ᵐᵉ régiment d'infanterie s'installe au poste de la mairie.

A sept heures du soir, la landwehr fait à son tour son entrée triomphale, en chantant leur *Vaterland*. Elle loge à la caserne.

Ce soir, me dit-on, on a arrêté M. Georges Romann, du *Lion-Rouge*. Il paraît qu'il sera mené cette nuit encore à Haguenau. On ne sait pas le motif de son arrestation.

Mardi, 4 octobre.

La journée s'est passée sans incident. Vers quatre heures de l'après-midi, la musique militaire joue quelques airs sur la place du Nouveau-Quartier. Tout le monde s'empresse de quitter la place, sauf quelques gaillards dont l'allure n'a rien de mulhousien.

On évalue le corps d'occupation à dix mille hommes ; à vingt mille avec les villages environnants.

Mercredi, 5 octobre.

Quelques bataillons vont faire une reconnaissance dans les environs, musique et tambours en tête. Ils reviennent, après avoir réquisitionné à fond dans quelques villages, sur les six heures du soir. Les réquisitions en ville continuent, on ne voit toute la journée que des voitures chargées de pain et d'autres vivres.

Le général en chef, von Schmeling, loge à Riedisheim. Sur ses ordres, on détruit le télégraphe et l'on coupe la voie ferrée vers Belfort.

Jeudi, 6 octobre.

Les trains pour Bâle et vice versa remarchent, grâce à notre commission municipale qui a fait des démarches auprès de la compagnie du chemin de fer Central-Suisse. Il y en aura six par jour, trois départs et trois arrivées. Avec la permission des Prussiens, bien entendu.

Le commandant de place arrive en ville : c'est un sieur von Ohlen Adlerskron. Il se présente à l'Hôtel de ville et annonce aux conseillers de la part du général de division que la ville est frappée d'une réquisition de 40 voitures et de 120 chevaux, de 10,000 pieds allemands de câbles pour bacs et bateaux, moitié en chanvre, moitié en fil de fer. A défaut, la ville paiera 100,000 francs de contribution de guerre, dont le paiement ne la libérerait cependant pas de la réquisition ci-dessus !

A quatre heures du soir, musique. Même empressement d'écouter de la part des Mulhousiens, c'est-à-dire personne sur la place.

Vendredi, 7 octobre.

Vers midi, on affiche deux proclamations, l'une enjoint à tout le monde d'apporter les armes à feu à la gare, avec le nom et le numéro de la rue. Les armes seront rendues après la guerre. La garde nationale habillée et les pompiers peuvent garder leurs fusils, avec la permission du commandant supérieur.[1] La seconde proclamation promet à celui qui dénoncera

---

[1] Voici le texte français exact de la première, suivant l'*Industriel* :

AVIS

« Pour ce qui est relatif au désarmement, « les gardes nationaux ayant uniforme et les « pompiers pourront, d'après permission de « l'autorité supérieure, conserver leurs « armes.

« Les armes à feu de toute espèce seront « remises dans la matinée de demain à la « gare, munies du nom du déposant, avec « l'indication du numéro de sa maison, afin

un propriétaire d'armes cachées, 40 Reichsthaler ou 135 francs.[1]

Chacune de ces proclamations est en
français et en allemand. Nous en avons
aussi deux affichées sur notre porte-
cochère.

Samedi, 8 octobre.

Il pleut toute la journée. On dit que les
Français cernent de loin la ville et que pas
un Prussien ne sortira du Haut-Rhin. Ce-

« que, à la paix, elles puissent être resti-
« tuées.

« Il est observé que, dans le cas où l'on
« trouvera des armes à feu dans une maison,
« le propriétaire serait déclaré responsable,
« conformément aux lois de la guerre.

« Mulhouse, le 7 octobre 1870.

« Signé : VON OHLEN ADLERSKRON,

« major commandant de la ville
« de Mulhouse. »

[1] Voici ensuite le texte de la seconde :

PROCLAMATION

« L'avant-garde de l'armée sous mes or-
« dres ayant occupé le Haut-Rhin, j'ordonne,
« jusqu'à nouvel ordre, ce qui suit :

« Quiconque fera découvrir et saisir dans
« une commune un fusil de munition, re-
« cevra de la caisse du corps prussien le plus
« voisin, quarante Reichsthaler ou cent
« trente-cinq francs. »

« Signé : DE SCHMELING,
« général. »

pendant la journée se passe sans aucun incident.

Dimanche, 9 octobre.

Les uhlans partent à trois heures du matin, l'infanterie et la landwehr vers cinq heures. Une voiture de bagages part à huit heures seulement, escortée de vingt-sept hommes, formant arrière-garde. Les ouvriers veulent les arrêter et leur lancent des pierres, mais les soldats se retournent et tirent sur eux. Un homme de cinquante ans environ, un Badois, d'après ce qu'on me dit, reçoit une balle dans la tête et tombe raide mort. Un jeune homme de quinze ans, nommé Chevrolet, reçoit deux blessures très graves, dans la cuisse et dans le ventre.[1] Il s'était sauvé en Suisse, lors de la première invasion. Deux autres personnes sont encore atteintes.

Cette affaire s'est passée un peu au delà du pont du chemin de fer, au faubourg de Riedisheim. La maison isolée, touchant au pont, à main droite, est criblée de balles. Une balle est allée s'aplatir contre la mai-son Sauvé et Jules Herrmann, plate-forme du Nord. Elle a été ramassée par M. Sauvé.

La foule se dispersa en un clin d'œil, et les Prussiens continuèrent leur chemin.

Pendant ce temps, on bat le rappel en ville, et gardes nationaux et pompiers accourent sur la place de l'Hôtel de ville, pour maintenir l'ordre. Les tirailleurs de

---

[1] Il mourut de ses blessures, quelques heures après.

Doll prennent possession du poste de la mairie. On distribue de nouveau des piques. Comme j'ai encore la mienne, je vais faire faction à l'angle de la rue Mercière (devant Bobeck),[1] de huit heures à midi. Trois cantiniers prussiens sont arrêtés avec leurs voitures, mais il paraît qu'on les relâchera ce soir. Un pompier trouve au poste une cuillère. J'ai contemplé cet instrument et je crois que le Prussien qui s'en est servi doit être joliment fendu, car la cuillère est énorme.

En descendant de garde à midi, on me reprend ma pique.

Dans l'après-midi, je me promène à la porte de Bâle. Vers les trois heures, arrivée subite de trois uhlans, dont l'un est porteur d'une cassette noire, contenant sans doute des dépêches. Quand ils voient qu'il n'y a plus de poste devant l'hôtel Romann, ils tournent bride. Personne ne les inquiéta, si ce n'est un nommé Lévy qui, n'écoutant que son courage et son patriotisme, brandit... son parapluie et en porta un coup au cheval d'un des uhlans. Deux minutes après, deux francs-tireurs, qui avaient été prévenus, accourent et se mettent à leur poursuite... dans un fiacre. De son côté, la compagnie des tirailleurs de la garde nationale part aussi, par une pluie battante, mais ils ne vont que jusqu'au pont de Riedisheim, où six des

---

[1] Aujourd'hui l'épicerie Roth et fils.

leurs se détachent en éclaireurs jusqu'à l'Ile-Napoléon, mais

Vains efforts, peines inutiles

francs-tireurs et tirailleurs reviennent sans les avoir vus, et trempés jusqu'aux os par l'orage qui avait éclaté pendant ce temps.

Le reste de la journée se passe sans incident. La nuit, on fait circuler de nombreuses patrouilles, pendant que l'on tient prête la pompe à vapeur, pour le cas où il faudrait refroidir l'humeur belliqueuse de la population. On n'a pas eu à l'employer, tout le monde s'étant tenu tranquille.

Lundi, 10 octobre.

Vers trois heures de l'après-midi, je vais chercher des timbres-poste au bureau de tabac des sœurs Marion, à la Porte-Haute. J'y apprends que les Prussiens sont de nouveau à Rixheim, prêts à envahir Mulhouse. Cependant on n'en voit pas. Un peloton de vingt-six hommes seulement s'était aventuré jusqu'aux portes de la ville pour voir s'il s'y trouvait de la troupe ou des francs-tireurs dans les environs. L'auberge de Wolff, sur la route de Rixheim, fut mise sens dessus dessous par eux, sous ce prétexte.

Mardi, 11 octobre.

On vient annoncer en ville, le matin à dix heures, que les Prussiens campent à la Doller.

A onze heures, trente uhlans et deux cents fantassins font leur entrée dans nos murs. Ils viennent imposer la contribution de guerre suivante, avec menace de bombardement de la ville, si les conditions posées ne sont pas acceptées:

50,000 francs à verser en or.
6,000 chemises de flanelle (à livrer à Ensisheim, jusqu'au 13).
60 voitures à deux chevaux.

De plus, du pain et du vin pour 3,000 hommes, soit:

1,500 litres de vin,
1,000 miches de pain,
18,000 cigares (cela ferait donc 6 par tête), et
375 kilos de tabac.

En outre, M. Charles Doll devra se constituer prisonnier de guerre, en punition de l'attaque de dimanche. Malheureusement pour les Prussiens, et heureusement pour lui, M. Doll est parti, depuis hier, pour une destination inconnue.

Ces rigueurs de l'ennemi sont la réponse à l'attaque de la voiture de bagages de dimanche dernier, et à la poursuite des trois uhlans de l'après-dîner du même jour.

On parlemente, mais l'ennemi est inflexible, et montre aux délégués de la Commission municipale les canons braqués, à la Doller, sur les établissements suivants:

Deux sur la fabrique Kœchlin-Schwartz,
Deux   »   »   Ed. Vaucher et Cie,
Deux   »   »   Lantz frères.

On fait immédiatement évacuer ces différents établissements par les ouvriers.

A trois heures et demie de l'après-midi, je vais sur la place de la Réunion, voir ce qui se passe. Six conseillers[1] viennent de partir en voiture, escortés de six gardes nationaux en armes, pour le camp des Prussiens. Ils vont leur expliquer que n'ayant pu réunir la somme complète, ils devront se contenter, en attendant, de 27,000 francs. C'est M. Jean Dollfus qui avance cette somme. On leur envoie aussi

----

[1] Jean Dollfus était du nombre. Il plaida chaleureusement la cause de la ville et, dans le feu de son argumentation, il lui arriva de toucher plusieurs fois le bras du général qui, impatienté, s'écria au bout d'un instant: « Rühren Sie mich nicht an! » (Ne me touchez pas !). Malgré l'insistance et les supplications même des six conseillers, l'officier se montra inflexible. C'est alors que Jean Dollfus, homme d'un caractère énergique, ne pouvant plus maîtriser son indignation, tira de la poche de sa redingote la croix de l'Ordre de la Couronne qu'il avait reçue de la Prusse quelques années auparavant, lors d'une exposition, et, la jetant sur la table du général, s'écria qu'il ne voulait pas de la décoration d'une nation qui rançonnait les habitants sans défense. Le général voulut faire arrêter son interlocuteur, mais les autres conseillers intervinrent et parvinrent à le calmer.

des vivres et quelques voitures. Les chemises de flanelle sont mises en ouvrage : ils les auront plus tard, s'ils viennent toutefois les chercher...

A quatre heures moins vingt minutes, je vois dix-huit uhlans déboucher par la rue des Bouchers. L'un d'eux monte à la mairie, où la Commission municipale est en permanence. Pas propres, les manteaux qu'ils ont sur le dos !

A cinq heures et demie, toute l'armée, cavalerie, infanterie et artillerie, défile par la rue du Sauvage. Ils sont environ 3,000 hommes, escortés de nombreuses voitures qui n'ont pas dû leur coûter bien cher, s'ils les ont achetées au même prix que les nôtres !... Quelques soldats ont la tête bandée, les autres chantent leur sempiternel *Vaterland*.

Mercredi, 12 octobre.

On fabrique activement les chemises de flanelle « commandées » par l'ennemi. Comme il faut ici se dévouer, un grand nombre de dames se chargent de ce travail pressé. Ma tante en prend douze pour son compte.

Jeudi, 13 octobre.

Les Prussiens ne se sont pas encore fait voir. On dit qu'on a écrit au général prussien qui aurait répondu ignorer toute cette affaire de réquisitions.

On assure qu'à M....heim, le maire aurait trahi les francs-tireurs qui cernaient quelques uhlans, de peur de voir son village livré aux flammes. Les francs-tireurs ont juré sa mort, mais ils ne parviennent pas à le trouver.

Une femme du même village aurait aussi trahi la présence d'un de ces francs-tireurs, venu pour rendre visite à ses parents et se pourvoir d'un peu d'argent. Les Prussiens auraient arrêté le pauvre diable et immédiatement fusillé.

D'après ce que me dit M. C. W., MM. Clément (de la maison Aimé Seillère et Cie), Couget et Merlanchon dressent la liste des hommes non mariés, de 25 à 35 ans, qu'ils feront viser par le commandant de place de Belfort, afin qu'on fasse partir ce contingent.

M. Jean Dollfus est parti pour Strasbourg, afin d'y porter plainte au général de la conduite du corps d'armée qui a rançonné la ville. Il a été assez bien accueilli, dit-on, et le général en chef l'a dispensé de livrer les 60 voitures.

Vers cinq heures et demie du soir, trente francs-tireurs se présentent sur la place de la Réunion. Ils sont tous armés de fusils Snider, et se disent l'avant-garde d'une armée qui doit venir nettoyer Mulhouse et les environs. Sous les arcades campe une compagnie de mobiles, d'environ 200 hommes. Après six heures, ils retournent à la gare, où ils vont passer la nuit.

Vendredi, 14 octobre.

On raconte que les moblots d'hier ont apporté à la Municipalité l'ordre de créneler les maisons des faubourgs et de barricader toutes les issues ; ils annoncent que, dans la journée, il viendrait des armes pour la population et la garde nationale. Ces on-dit donnent le frisson à plus d'un citoyen, et jette un certain froid sur leur patriotisme...

M. Jean Dollfus fait distribuer des cabans aux moblots.

A dix heures du matin, le gardien de la tour entend treize coups de canon dans la direction de Guebwiller.

Je vais, à une heure, à la gare pour avoir des nouvelles. Je vois arriver M. Alfred Kœchlin-Schwartz, qui se met à parler assez longtemps au capitaine des mobiles, lequel part en voiture, après cet entretien. Beaucoup de gardes nationaux partent pour Guebwiller. A Dornach, Lutterbach, Pfastatt, etc., on sonne le tocsin, pour appeler la garde nationale aux armes. Le soir, ils s'en reviennent tous, après avoir poussé jusqu'à Bollwiller, où on leur avait annoncé que les Prussiens s'étaient retirés. Ils reçoivent l'ordre de se tenir prêts pour demain, dans le cas où l'on aurait besoin d'eux.[1]

Lundi, 17 octobre.

Nos tirailleurs partent pour Masevaux. On donne des secours à leurs femmes et enfants.

---

[1] Cela n'eut point lieu.

Mardi, 18 octobre.

M. Georges Romann, du *Lion-Rouge*, vient d'être rendu à la liberté, contre une caution de 4000 fr.

Ce matin, vers huit heures, pendant que j'étais de garde, on est venu annoncer que les francs-tireurs sont rentrés en ville et qu'ils ont arrêté aux premières heures du jour, un pharmacien, un dentiste et plusieurs autres personnes allemandes d'origine, mais établies depuis de longues années à Mulhouse. Notre commandant de place, M. Alfred Kœchlin-Schwartz, est indigné de ces arrestations et je l'entends proférer des menaces de punition sévère contre les francs-tireurs.

On a relâché les personnes en question dans la journée, sur une dépêche de Belfort disant que les francs-tireurs n'avaient reçu aucun ordre d'arrestation.

Vendredi, 21 octobre.

Une quarantaine d'uhlans font une apparition à Riedisheim. Ils s'informent s'il y a des troupes françaises à Mulhouse. On leur répond de différentes manières.

Lundi, 24, et mardi, 25 octobre.

Pendant ces deux jours, Mulhouse a pu contempler un phénomène splendide. Vers six heures du soir, le ciel prend une teinte rouge-sang ; comme il est très nuageux, la coloration disparaît de temps en temps, pour revenir plus intense encore. Et cela dure ainsi jusqu'à neuf heures du soir.

Les vieilles femmes de mon voisinage sont bouleversées : elles trouvent moyen de découvrir dans cette aurore boréale des signes de guerre, de malheur ! Comme c'est malin !

Mercredi, 26 octobre.

Schlestadt se rend à l'ennemi avec 2400 hommes et 120 canons.

Le soir, à six heures, le vent s'élève et souffle tellement fort que la plupart des cheminées s'écroulent. La tourelle gauche du clocher, du côté de la place Lambert, est arrachée de sa base et vient s'abattre sur le trottoir, sans causer d'accident, mais en y creusant un trou de plus d'un mètre de profondeur. L'horloge de la mairie est aussi très endommagée.

Toutes les vieilles femmes de la ville sont de nouveau d'accord que jamais de leur vie il n'y a eu un vent pareil, et elles en tirent des pronostics effrayants.

Samedi, 29 octobre.

Metz a capitulé avant-hier. Toute l'armée de Bazaine s'est rendue avec armes et bagages. On parle de 180,000 prisonniers !

Lundi, 31 octobre.

On prétend que Bazaine a vendu la ville aux Prussiens. L'armée a failli se révolter et beaucoup de soldats ont jeté leurs fusils dans la Moselle. Les officiers ont brisé leurs épées et brûlé les drapeaux, plutôt que de les rendre.

Jeudi, 3 novembre.

Mon frère aîné se marie aujourd'hui. On ne fait pas d'histoire, étant données les tristes circonstances que nous traversons.

Lundi, 7 novembre.

L'investissement de Belfort est un fait accompli depuis plusieurs jours. C'est le colonel Denfert[1] qui commande cette for-

---

[1] Ce brave officier, qui a défendu avec acharnement et jusqu'au bout le poste d'honneur qui lui avait été confié et qui ne l'a abandonné que sur l'ordre formel de son gouvernement, avait reçu, dans les premiers jours de novembre, une lettre du général prussien de Treskow le sommant de rendre Belfort. Voici la réponse digne et fière qu'y fit ce vaillant soldat :

« Belfort, le 4 novembre 1870,

« A M. le général de Treskow, com-
« mandant les forces prussiennes
« devant Belfort,

« Général,

« J'ai lu avec toute l'attention qu'elle mé-
« rite la lettre que vous m'avez fait l'hon-
« neur de m'écrire avant de commencer les
« hostilités.

« En pesant dans ma conscience les raisons
« que vous me développez, je ne puis m'em-
« pêcher de trouver que la retraite de l'ar-
« mée prussienne est le seul moyen que
« conseillent à la fois l'honneur et l'huma-
« nité pour éviter à la population de Belfort
« les horreurs d'un siège.

« Nous savons tous quelle sanction vous

teresse, bien armée et bien approvision-
née, dit-on. Il se trouve beaucoup de
Mulhousiens dans la place, entre autres
au dépôt du 45ᵐᵉ de ligne. Ce régiment
lui-même, dans lequel est incorporé le
cousin Jules Z....., a quitté Belfort il y a
quelques semaines déjà, et fait partie de
l'armée de la Loire.

Mardi, 8 novembre.

Le fort Mortier, près de Neuf-Brisach,
capitule (5 canons et 200 hommes).

Mercredi, 9 novembre.

Neuf-Brisach capitule à son tour (120
canons, 4000 hommes.

Jeudi, 10 novembre.

Ce matin, enterrement du chanoine
Sester, curé cantonal de la paroisse Saint-
Etienne, homme estimé de tout le monde.

« donnerez à vos menaces et nous nous at-
« tendons, Général, à toutes les violences
« que vous jugerez nécessaires pour arriver
« à votre but ; mais nous connaissons aussi
« l'étendue de nos devoirs envers la France
« et envers la République, et nous sommes
« décidés à les remplir.

« Veuillez agréer, Général, l'assurance de
« ma considération très distinguée.

« Le colonel du génie, comman-
« dant supérieur de Belfort,

« Denfert-Rochereau ».

A deux heures moins un quart, huit Prussiens entrent en ville sur une voiture à deux chevaux. Ils viennent apporter la réponse du général, qui permet le transport de la houille de Ronchamp. Au même instant, un turco blessé arrive sur la place, et ayant demandé ce qui se passe, il traverse la foule pour contempler les Prussiens de plus près.

Dimanche, 13 novembre.

Quelques Prussiens viennent faire des achats. L'officier qui les commande annonce l'arrivée de deux bataillons d'occupation.

Lundi, 14 novembre.

A onze heures du matin, les deux bataillons annoncés arrivent en effet. Ils sont du 67e d'infanterie, et se rangent en bon ordre sur la place du Nouveau-Quartier.

Au bout d'un instant, la troupe se divise en deux. Un bataillon part pour Rixheim et Riedisheim, l'autre est logé en ville, chez l'habitant.

Mercredi, 16 novembre.

Le Conseil municipal fait savoir aux habitants qui n'ont pas de soldats à loger, qu'ils ont à livrer dans les vingt-quatre heures deux ou trois matelas et autant de couvertures. C'est pour être utilisés à la caserne, où on veut loger les troupes. Mais les Prussiens exigent des tables, des bancs, des lampes, etc., ce qui fait qu'on va les laisser chez les habitants.

Saint-Louis est occupé par une compagnie de Prussiens, qui ne laissent passer les hommes qu'avec des permis. C'est pour empêcher les individus de vingt à quarante ans, non mariés, de passer par la Suisse pour aller à Lyon.

Il arrive quelques voitures de blessés, dans la journée.

Jeudi, 17 novembre.

Les Prussiens viennent de prendre possession du télégraphe[1] et de la poste,[2]

---

[1] Alors installé rue Magenta, du côté de la place de la Paix.

[2] Elle se trouvait dans la rue de la Sinne, n° 50, à côté du magasin des *Villes de France.*

Voici l'avis que la nouvelle administration publia le jour même en français et en allemand :

PUBLICATION

« La *Poste allemande* est ouverte en cette
« ville.

« On y accepte pour être expédiées des
« lettres ordinaires, lettres recommandées,
« imprimés et échantillons de marchandises
« et cartes de correspondance écrites.

« Les lettres pour tous les territoires non
« français, l'Alsace et la Lorraine allemande
« comprises, peuvent être remises closes à
« la poste, mais celles pour l'intérieur de
« la France doivent être remises ouvertes.

« La poste se charge, en outre, de rece-

où ils mettent deux factionnaires. Les employés et les facteurs refusent de faire le service. Les habitants sont ainsi obligés de chercher, jusqu'à nouvel ordre, leurs lettres au bureau de poste, qui est ouvert de neuf heures du matin à midi, et de trois à cinq heures du soir.

Le soir, les soldats amènent une voiture de fusils, provenant des environs.

Vendredi, 18 novembre.

On dit que Belfort a fait une sortie, et que les assiégeants ont été rejetés jusqu'à Heimsbrunn ; les Français leur ont pris douze canons et fait 1500 (?) prisonniers.

A neuf heures du matin, huit Prussiens conduisent à l'hôt 1 du *Lion-Rouge*, où loge leur commandant, un individu en blouse qui a essayé de couper la gorge à un soldat. Il n'a réussi qu'à lui couper le col de sa tunique et celui de sa chemise.

De l'hôtel, on le mène au poste de la mairie. En voilà un dont le compte est clair !

« voir et de transmettre les abonnements
« aux journaux.

« Les taxes pour la correspondance sont
« affichées au bureau de poste.

« On peut avoir des timbres-poste de 1, 2,
« 4, 10 et 20 centimes au bureau de poste,
« chez les facteurs de la ville et de la cam-
« pagne.

« Le maître de poste,

« PETERS »

Tous les matins, les Prussiens vont à la revue, leurs boîtes et leurs gamelles à la main, et le fusil sur l'épaule.

Le soir, vers quatre heures, des soldats commencent à poser les poteaux télégraphiques. Ils en plantent un devant le bureau, deux dans la rue Magenta (un à chaque coin de la rue), puis un autre dans la rue d'Altkirch, deux dans la rue Sainte-Catherine, un devant les bureaux de Benjamin Wolf, un au delà du pont du canal, celui-ci reliait ensuite le fil avec les poteaux du chemin de fer.

Quelques pelotons de Prussiens sont allés aujourd'hui à Richwiller, où ils ont déterré trente fusils et des cartouches qui s'y trouvaient cachés. Un habitant du village a trahi la chose !

Samedi, 19 novembre.

Nos Prussiens nous quittent ! Quelle chance ! Ils nous laissent cependant une compagnie pour le poste de la mairie.

— Notre joie était prématurée ! A deux heures de l'après-midi arrive l'avant-garde de la landwehr, qui prend possession de la mairie, en remplacement de l'infanterie qui part, escortée de six uhlans et musique en tête.

Dimanche, 20 novembre.

Avant-hier, la ville a été frappée d'une nouvelle réquisition. Elle a à fournir un lazareth de 400 lits pour les blessés prussiens. On a installé une ambulance rue

Kœchlin, pour 130—135 lits, rue de Didenheim, pour 85—90 lits et à l'Asile des vieillards pour 70—75 lits.

Aujourd'hui à midi, arrivée d'un corps de troupe de 1400 landwehrs qu'on loge chez les habitants. M. W. en a quatre, pour son compte.

Lundi, 21 novembre.

Départ de la landwehr, à huit heures du matin, pour le siège de Belfort. Ce départ a lieu précipitamment.

Des agents de police font une tournée chez les habitants, et principalement dans notre quartier, pour s'informer du nombre de soldats que chacun peut loger. Mes parents répondent : deux.

A onze heures du matin, M. C. W. part pour Bâle — la route est de nouveau libre — pour aller de là à Lyon, comme faisant partie de la levée en masse de 20 à 40 ans. Le bureau reste néanmoins encore ouvert. Tous les appelés des villages des environs, ayant reçu leurs ordres de route, partent également pour Lyon.

Les premiers Mulhousiens partis, il y a huit jours, ont été reçus à Lyon par le préfet et la musique des sapeurs-pompiers.

La mairie de Mulhouse a délivré jusqu'à ce jour plus de huit mille laisser-passer pour des individus venant du Bas-Rhin et de la Lorraine et se rendant à l'appel de la patrie.

Mardi, 22 novembre.

Mulhouse est réquisitionné pour 1400 paires de bottes et 40 paires de souliers.

Mercredi, 23 novembre.

Les mobiles de Mulhouse faisant partie de l'armée des Vosges, sont à Orléans. M. Dollfus-Galline a été nommé commandant.

A partir d'aujourd'hui, il faut remettre les lettres à expédier au guichet de la poste, attendu qu'un individu a jeté de l'amadou enflammé dans la boîte aux lettres.

A Rixheim se trouve une poste française, ainsi qu'à Dornach, qui reçoivent les lettres et les font distribuer en ville par des particuliers.

G....tz, peintre, se fait facteur de la poste prussienne.

Un officier prussien demande à un gamin de douze ans le chemin de la mairie. Il répond qu'il est Français et refuse de le renseigner.

Jeudi, 24 novembre.

Toute la journée on entend la canonnade du côté de Belfort. On parle d'une sortie heureuse.

Il arrive, depuis quelques jours, de nombreux convois de blessés.

A deux heures de l'après-midi, deux Prussiens poursuivent, à travers les rues de la ville, un soldat déserteur en civil, et l'attrapent près du Werkhof, dans la rue des Maréchaux.

Vendredi, 25 novembre.

Encore une réquisition, hier ! Celle-ci est de 5000 miches de pain pour l'armée qui assiège Belfort.

Deux affiches, au faubourg de Bâle, annoncent des victoires de Paris et de l'armée de la Loire.

L'après-midi, à deux heures, arrivée de dix hommes du 3ᵐᵉ landwehr, porteurs du drapeau de leur régiment. Ils le déposent au *Lion-Rouge*. On a vu, sur la route d'Altkirch, environ cent cinquante hommes du 3ᵉ, sans sac, paraissant en déroute. Une ambulance prussienne traverse la ville en grande hâte, se dirigeant vers le faubourg de Belfort.

Un landwehr à cheval est démonté par des ouvriers devant l'établissement Naegely, porte du Miroir, mais il parvient à remonter en selle et à s'échapper.

L'émotion est générale en ville. On dit que les Français sont à Illfurth et qu'à Brunstatt il se trouve plus de 4000 Prussiens en fuite, uhlans, landwehrs, etc.

Samedi, 26 novembre.

Deux uhlans, passant hier devant la fabrique Jourdain, à Altkirch, ont été assaillis par un coup de feu, parti de l'établissement et qui tua net le cheval de l'un d'eux. L'uhlan démonté se sauva ainsi que son camarade, et vinrent à Mulhouse dans une voiture de MM. Schmerber frères qu'ils réquisitionnèrent.

Aujourd'hui, les Prussiens logés à la caserne partent, avec quelques uhlans, pour lever une contribution de guerre de 20,000 francs à Altkirch, en raison de ce fait.

Dimanche, 27 novembre.

On ne voit que des Prussiens dans la rue, entre autre l'état-major. Ils se promènent en traînant leurs sabres.

Mulhouse a maintenant un sous-préfet prussien, s'appelant le Dr Schulze von Dillenberg. Il s'est présenté, paraît-il, à la Commission municipale en cette qualité.

Mercredi, 30 novembre.

A huit heures, arrivée de dix voitures avec escorte, passant par la rue des Tanneurs.

Le général von Treskow a frappé, hier, la ville d'une contribution de *mille francs*, pour un fil télégraphique coupé par on ne sait qui, près de la Fonderie.

Samedi, 3 décembre.

Il neige depuis trois jours. On apprend en ville, par des lettres particulières, que nos mobiles se sont distingués, le 24 novembre, près de Beaune-la-Rolande.[1]

---

[1] Il y eut plusieurs engagements autour de cette ville, dont le principal eut lieu le 28 novembre. L'*Express* a publié tout récemment, le jour anniversaire, un récit émouvant de ces journées, tiré du volume publié, en 1873 par M Emile Gluck, sous le tit e de : *Le 4*me *bataillon de la garde mobile du Haut-Rhin* Sur l'affaire du 24, je trouve dans l'*Industriel alsacien*, du 3 décembre 1870, une lettre écrite par mon ami

Dimanche, 4 décembre.

Le soir, à huit heures, éclate une querelle chez Danner, le brasseur de la Porte-
Jeune, entre des Français, chantant la

Alfred G...y, que je copie ci-après textuellement de ce journal :

« Nous sommes heureux, en outre, de
pouvoir publier une lettre qui vient d'être
adressée par un jeune garde mobile de
Mulhouse à son père.

Vendredi, le 25 novembre

« Je t'écris dans une écurie, car nous cam
« pons dans la boue et par une pluie torren
« tielle et nos chevaux sont mieux que nous.
« Nous avons eu une affaire le 24. Notre ba
« taillon, sans avoir perdu un homme, a décidé
« de l'affaire. Pas un homme tué, ni blessé.
« Les balles sifflaient cependant. Nous n'avons
« donné qu'à trois heures. Nous avons plutôt
« donné une chasse à l'ennemi, que com
« battu. Notre bataillon devait être mis à
« l'ordre du jour de l'armée, car nous avons
« avancé, pendant que deux bataillons bat
« taient en retraite. Nos hommes ont très
« bien marché, et quand on a commandé *en*
« *avant !* ils sont partis au cri de *Vive la*
« *France !* Les zouaves, qui étaient à notre
« gauche, ont applaudi Si la nuit n'était pas
« venue, nous eussions fait une belle prise :
« des canons et un convoi de vivres qu'ils
« avaient un moment abandonnés dans leur
« fuite. Quand j'aurai plus de temps, je ra
« conterai avec détails. Quelques hommes
« saluaient les balles. Je puis dire que cela
« ne m'a pas fait grand'chose de les entendre

Marseillaise, et des Prussiens, chantant le *Vaterland.* Ces derniers vont chercher des renforts et tombent sur les personnes qui sortent de la brasserie. Ils en blessent quatre, dont un Wurtembergeois et un Badois... Pas de chance!

Lundi, 5 décembre.

Le froid continue. A quatre heures du soir,on transporte par notre rue un homme mort de froid, d'un certain âge déjà.

Il arrive des artilleurs.

Hier, nouvelle réquisition: 800 paires de gants, 20 voitures à échelles pour conduire le pain aux troupes à La Chapelle.

Mardi, 6 décembre.

On dit que notre bataillon de mobiles s'est de nouveau battu, et qu'il y a deux cents blessés et cinquante tués.

« siffler, mais ce que je ne comprends pas, « c'est que nous n'ayons eu personne d'at- « teint. Des manches traversées, des képis « troués, voilà tout.

« N'en parle pas à maman, cela l'ef- « frayerait. Pour moi, je suis dans la jubila- « tion; ne vous inquiétez pas. Vous voyez « quelle chance a notre bataillon. Tous les « généraux ont félicité le bataillon. Le Haut- « Rhin passe pour un bataillon de braves.

« Je vous embrasse, etc.

Samedi, le 26 novembre.

« Le bataillon est cité à l'ordre de l'armée « et notre commandant, M. Dollfus-Galline, « est décoré. »

Notre succursale de la Banque de France a fermé aujourd'hui ses bureaux, l'administration prussienne ayant voulu lui imposer des conditions auxquelles elle n'a pas consenti à se soumettre.

Mercredi, 7 décembre.

Ce soir, on affiche une proclamation signée von Usedom, qui dit, que plusieurs dénonciations ont eu lieu et que tout le monde est invité à déposer ses armes à feu à la mairie, sinon on appliquerait aux récalcitrants les lois de la guerre. Les Prussiens recueillent ainsi une vingtaine de fusils.

Jeudi, 8 décembre.

A une heure et demie, pendant que j'arrange ma machine à fabriquer le gaz, je vois passer, venant de la rue des Tanneurs et se dirigeant sur la place de la Réunion, environ cent cinquante voitures de réquisitions, sur lesquelles il y avait des caissons de la grandeur de cinquante centimètres carrés, contenant ou des cartouches ou des obus. Sur quelques voitures, il y avait des vivres.

La neige continue à tomber encore aujourd'hui.

Samedi, 10 décembre.

Ce matin, à neuf heures, des soldats ont pris possession du tribunal civil, rue des Troi-Rois. Nos juges, mis en demeure de rendre la justice sous l'autorité allemande, ont refusé, déclarant que c'était incompatible avec leurs devoirs et leur dignité.

Lundi, 12 décembre.

Au bureau, nous recevons quatre Prussiens à loger.

Mardi, 13 décembre.

La température est au dégel. Les Prussiens partent avec leurs canons ; du côté de Niedermorschwiller, deux pièces de vingt-quatre s'enfoncent dans la boue. Impossible de les retirer, paraît-il. Il va falloir qu'ils attendent le beau temps ou le froid pour les tirer de là.

Jeudi, 15 décembre.

On affiche de nouveau une proclamation. Elle est du préfet allemand, qui défend aux hommes appelés de quitter l'Alsace pour aller rejoindre l'armée française. Les punitions les plus sévères seront infligées à ceux qui partiront quand même, ou à ceux qui les auront aidés à partir. A cet effet, la frontière sera gardée par les uhlans et tous ceux qui seront vus traversant les champs, ou prenant des chemins de traverse, seront exposés à recevoir des coups de pistolet.

Le premier sur lequel ils emploient ce moyen décisif est un Suisse qui s'était rendu à Hégenheim porter de la viande et s'en retournait tranquillement à Bâle. Le pauvre diable fut tué sur le coup. L'ennemi essaie d'apaiser la douleur légitime de la famille en lui offrant une indemnité de vingt mille francs. On ne connaît pas encore la suite de cette triste affaire.

Saint-Louis est gardé par une compagnie d'infanterie. Tous ceux qui veulent passer, et qui ne sont pas munis d'un sauf-conduit, sont arrêtés. Ils seront conduits en Allemagne, comme prisonniers de guerre.

Notabene : on ne délivre pas de sauf-conduit aux hommes de 16 à 40 ans.

— J'apprends ce soir que deux inspecteurs prussiens ont occupé la Banque de France dans la journée.

Vendredi, 16 décembre.

On apprend que Belfort a fait une sortie hier.

Un tailleur en a profité pour sortir de la ville. Il vient annoncer à Mulhouse que les Prussiens ont perdu énormément de monde, depuis le commencement du siège. Il raconte aussi qu'on a voté à Belfort sur la question de savoir si l'on devait capituler. Il y a eu deux *oui* et tout le reste était *non*.

On rapporte qu'à Altkirch, une querelle aurait éclaté entre des Bavarois et la landwehr prussienne, qui s'est terminée par quelques morts et blessés.

On amène soixante-deux prisonniers, des mobiles et des zouaves. Toute la chaussée de Dornach leur fait escorte. Quatre de ces malheureux parviennent à s'échapper dans la foule.

Je lis aujourd'hui dans la *Volks-Republik* une lettre de von Usedom,[1] commandant

---

[1] Voici la traduction de cette lettre :

« Ayant été relevé de mon commandement

de place à Mulhouse, dans laquelle il re-
mercie la population et la Commission
municipale de leur bonne conduite et du
bon accueil qu'on lui a fait !...

Samedi, 17 décembre.

Les prisonniers d'hier sont expédiés
plus loin. On les accompagne à la gare,
en criant : « Vive la France ! à bas la
Prusse ! »

Les Prussiens envoient deux parlemen-
taires dans Belfort.

Arrivée de nouveaux prisonniers, au
nombre de cinquante-quatre.

Auguste B... écrit de Belfort, où il est
resté dans la compagnie de dépôt des mobiles du Haut-Rhin. Moïse Netter, de l'impasse des Bœufs, a été blessé grièvement
au bras par l'explosion d'un caisson
d'obus [1].

Dimanche, 18 décembre.

Les prisonniers partent. On les accom-

« comme commandant de cantonnement de
« cette place, j'éprouve le besoin, en quittant
« cette belle ville, d'exprimer ma profonde
« gratitude aux habitants pour leur attitude
« excellente et pleine de tact, comme aussi à
« l'honorable Municipalité pour ses préve-
« nances et son amabilité.

« Mulhouse, le 16 décembre 1870.

« VON USEDOM,
« colonel et chef de régiment. »

[1] Le malheureux mourut, le 24 du même
mois, des suites de sa blessure.

pagne de nouveau au chemin de fer, en proférant les mêmes cris.

L'après-midi, on tire un coup de feu à la gare sur un Prussien, qui n'est pas atteint. On ne sait d'où le coup est parti.

Le soir, à onze heures, je rencontre, en rentrant, un uhlan coiffé d'un chapeau haut. Où diable l'a-t-il réquisitionné ?

Lundi, 19 décembre.

L'après-midi, les soldats fouillent toutes les maisons, pour chercher les fusils cachés. Chez M. B....... et chez le petit Paul F.... (quai de la Sinne), on trouve chez le premier son fusil de garde nationale, chez le second, un petit chassepot d'enfant. On les a coffrés immédiatement, dit-on. Ils annexent le sabre de capitaine de la garde nationale de M. Léon L...., en lui annonçant qu'il est mal noté. Trente hommes fouillent le théâtre.

A neuf heures du soir, un soldat va chercher querelle à trois civils attablés chez Hatt, l'aubergiste de la rue des Bons-Enfants. Ceux-ci sortent et lui administrent une raclée dont il se souviendra ! L'un des trois civils se cache ensuite dans notre maison, aussi longtemps que dure l'attroupement.

A la Cité on entend tirer une douzaine de coups de feu. C'est probablement pour faire savoir aux Prussiens qu'on a encore des fusils.

Mardi, 20 décembre.

Les perquisitions continuent. Chez G...., rue des Orphelins, la bonne jette un sabre dans les cabinets d'aisance. Chez R......, qui demeure à côté, ils reviennent quatre fois de suite pour chercher des fusils qui doivent s'y trouver cachés. Mais ils ne découvrent rien.

Le soir, arrivée de 800 landwehrs qui sont logés chez les habitants.

Mercredi, 21 décembre.

Ce matin on a distribué aux soldats de la caserne des cartouches. En même temps, ils ont été consignés.

A la Fonderie, quelques ouvriers jettent des pierres à des Prussiens qui passent et qui tirent sur eux, mais sans blesser personne.

Vendredi, 23 décembre.

L'ennemi coupe le chemin de fer à Saint-Louis. C'est parce que les Suisses respectent trop bien la neutralité.

Samedi, 24 décembre.

Ce matin, à onze heures, M. C. W. revient de Villefranche, près de Lyon, où l'on a organisé la Légion d'Alsace-Lorraine, pour passer quelques jours à Mulhouse. Quelques autres légionnaires ont également obtenu un petit congé.

Les perquisitions ont cessé.

Lundi, 26 décembre.

Nos deux commissaires de police français Knellwolf et Witterspach, sont expulsés aujourd'hui.

Mardi, 27 décembre.

Tout le monde est radieux. C'est la nouvelle de l'approche de Garibaldi et du général Bourbaki qui est la cause de cette joie.

Une lettre d'un de nos gardes mobiles annonce que le bataillon est à Chalon-sur-Saône.

Entre une heure et deux heures de l'après-midi, j'assiste à des disputes entre landwehrs et ouvriers.

A quatre heures, arrivée de 800 landwehrs, du 71e, à qui l'on distribue leurs billets de logement sur la place de la Réunion.

Mercredi, 28 décembre.

Il arrive encore des Prussiens, du 10e et du 71e, et cette fois-ci nous avons la triste chance d'en recevoir deux à la maison. Charles en a aussi deux à loger. C'est pour cinq jours. Ils apportent leur nourriture. Nous avons un sergent, un nommé Dreyhaupt, qui est restaurateur à Erfurth, homme qui serait charmant sous tous les rapports, s'il n'était pas... un ennemi. Son compagnon s'appelle Hoppfe, et est simple soldat.

An de grâce 1871

Dimanche 1ᵉʳ janvier.

On annonce aux soldats prussiens que Paris capitulera dans six jours. C'est notre sergent qui nous rapporte cela.

Joseph, notre emballeur, flanque une raclée à un soldat à Pfastatt.

Mardi, 3 janvier.

En allant chez Thierry-Mieg et Cⁱᵉ, je vois arriver 16 uhlans et 2 gendarmes. Ils sont tout blancs de givre.

On amène un zouave qui a été fait prisonnier par trois uhlans. Il s'était égaré et avait demandé son chemin à un paysan, qui s'empressa de le conduire au milieu de ces uhlans. Quel affreux gredin !

Le matériel de la Compagnie du chemin de fer de l'Est a été saisi aujourd'hui par l'administration prussienne.

Mercredi, 4 janvier.

M. C. W. repart pour Villefranche.

Il arrive une batterie de six canons (*Sechs-Pfünder*) de la royale Saxe. Elle est installée dans la cour de la gare.

Vendredi, 6 janvier.

Nos Prussiens changent aujourd'hui de logement, après être restés neuf jours au lieu de cinq.

Ce soir, on entend distinctement le

bombardement de Belfort depuis la fenêtre de ma chambre ; il continue jusque fort avant dans la nuit. C'est comme un sourd roulement de tonnerre au loin, d'un effet lugubre, au milieu duquel on perçoit des sons plus clairs, sans doute le canon des assiégés.

Dimanche, 8 janvier.

Hier matin, samedi, le bombardement n'a cessé qu'à onze heures.

On amène aujourd'hui encore des prisonniers, quatre ou cinq. La foule court après eux, en hurlant la *Marseillaise*, jusqu'au *Lion-Rouge*. Là, les patrouilles dispersent le monde à coups de crosse, et même en chargeant ostensiblement les armes !...

Lundi, 9 janvier.

Il passe aujourd'hui, par notre gare, quatre cents mobiles faits prisonniers à Danjoutin, près de Belfort, par la faute de leur capitaine qui n'avait pas posé de sentinelles. Ils se sont rendus sans coup férir !

Mardi, 10 janvier.

Le matin, on amène deux prêtres des environs, qui ont été arrêtés, on ne sait pour quel motif.

On dit en ville qu'à Paris on a fait sauter le plateau d'Avron. Un gamin affiche cette dépêche à la sous-préfecture, devant le nez d'un factionnaire.

Mercredi, 11 janvier.

Une grande bataille a été livrée à Villersexel le 9, donc avant-hier. Tout en ayant remporté la victoire, les Français ont battu en retraite. C'est toujours la même histoire !

On assure, en ville, que le sous-préfet allemand a filé.

A deux heures, l'oncle Henri apporte une lettre de Jules, mon cousin, soldat au 45e de ligne, datée du 31 décembre, dans laquelle il annonce que son ami Guénal a été tué.

Il est affiché en ville une ordonnance concernant la petite vérole.

Vendredi, 13 janvier.

M. Heinrich, notre sous-préfet français, qui s'est réfugié à Bâle, fait afficher en ville une proclamation. Les gendarmes prussiens l'enlèvent partout.

Les sous-préfets de Vesoul et de Lure sont ici.

Il arrive environ quinze à vingt voitures escortées par des Badois au nombre de cinquante à quatre-vingts, venant de Vesoul. On disperse de nouveau la foule et un nommé Mangold est blessé à la joue.

Samedi, 14 janvier.

On affiche en ville que dorénavant tous les trains pour Dannemarie seraient escortés par des habitants notables de Mulhouse. A cet effet, il est dressé une liste de cent personnes qui alterneront entre elles.

Dimanche, 15 janvier.

On entend la canonnade, du côté de Belfort, toute la journée.

Un dragon badois vient à l'hôtel du *Lion-Rouge* annoncer qu'on se bat entre Belfort et Montbéliard.

Ce soir, il y a eu une véritable bataille, rue du Sauvage. Plusieurs personnes ont été blessées par les Prussiens, entre autres Rosé, coiffeur.

Un pompier, du nom de H..., a également une querelle avec un landwehr.

Lundi, 16 janvier.

M. A. Dujardin, membre de la Commission municipale, ainsi que M. Ch. Wacker-Schœn, commencent la série des otages qui doivent accompagner les trains.

On amène vingt-sept prisonniers de Montbéliard.

Ce soir, on entend de nouveau le canon de Belfort.

Mardi, 17 janvier.

Aujourd'hui c'est le tour de **M.** Lazare Lantz de servir d'otage.

A onze heures du matin, il arrive sept uhlans, dont deux n'ont plus de lances et deux autres ont perdu le fanion de la leur.

On amène dix-huit paysans de Walheim. Il paraît qu'ils ont tiré sur une quarantaine de Prussiens, croyant que c'étaient des fuyards.

Une affiche dit que l'état-major de Bazaine, qui a été fait prisonnier, est en fuite (?).

Mercredi, 18 janvier.

Cinq dragons badois viennent en ville, vers deux heures de l'après-midi, escortant un cercueil qui renferme le corps d'un officier badois, de Heidelberg, trouvé mort dans une forêt, près de Belfort.

On placarde deux affiches, l'une disant que Werder poursuit Bourbaki, et l'autre frappant d'une amende les propriétaires des maisons contre lesquelles on trouverait affichées des proclamations ou des dépêches non prussiennes.

A Saint-Louis, on arrête tous les commissionnaires de nos maisons de commerce faisant le service des lettres. On les fouille. Les Prussiens découvrent quarante lettres dans le corset d'une dame!...

A la gare, un gendarme prussien arrache la cocarde tricolore du chapeau de Mlle Clara K.....

Jeudi, 19 janvier.

A la sous-préfecture, on affiche une dépêche de source allemande disant que Bourbaki est battu et en pleine déroute.

Ce soir nous avons quatre Badois à loger à la maison, mais heureusement pour une nuit seulement. Ils viennent de Héricourt et nous affirment que les Français ont, en effet, été battus. Notre dernier espoir est perdu et le désastre est, hélas ! absolument complet !

Samedi, 21 janvier.

Dans la journée, il passe par notre gare cinq cents prisonniers et cent quarante blessés.

L'administration prussienne lance des ordres d'expulsion contre les personnes suivantes : MM. docteur Klippel, A. Dujardin, Alfred Kœchlin, Schemel, Oberlin, baron de Thiry, Lœw, Szerlecki, le docteur polonais, etc. ; en tout onze.

Dimanche, 22 janvier.

Il passe encore des prisonniers et des blessés.

Au chemin de fer, un homme me dit que l'on n'a pu tenir l'office aujourd'hui, attendu que l'église était remplie de prisonniers.

Georges Schmitt, de la place des Maréchaux, se trouve parmi les captifs qui ont passé ce matin.

Soldats et gendarmes s'exercent à la chasse aux cocardes tricolores que tout le monde porte ostensiblement depuis quelque temps. Ils en font aujourd'hui une grande rafle.

Lundi, 23 janvier.

A deux heures, les Prussiens battent la générale, ce qui donne lieu à bien des incidents. Toute la garnison se rassemble et,

drapeaux en tête, se rend sur la place de
la Paix où on annonce aux soldats la proclamation, à Versailles, de l'empire d'Allemagne. Le roi de Prusse a été nommé
empereur.

On enterre un mobile dans la journée.
Les Prussiens lui rendent les honneurs
militaires. Ce soir, les curés font une quête
en ville pour lui élever un monument.

Mardi, 24 janvier.

Des patrouilles circulent en grand nombre ce matin dans les rues.

Mercredi, 25 janvier.

Enterrement d'un mobile mort des suites
d'une blessure reçue dans un combat près
de Montbéliard.

Jeudi, 26 janvier.

On apprend en ville que M. Jules Favre
a entamé des pourparlers relatifs à la
capitulation de Paris. Encore une nouvelle
fausse, inventée par les Prussiens.

Longwy capitule (4,000 hommes et 200
canons).

Vendredi, 27 janvier.

Hier soir, vers minuit, un homme s'est
pris de querelle avec la patrouille prussienne, dans la rue des Trois-Rois. Elle
lui a tiré dessus et il a reçu une balle dans
le bas-ventre.

Ce soir, en revenant de chez E., je rencontre devant notre maison quatre Bavarois et deux soldats d'infanterie prussienne, avec un billet de logement pour nous, pour une nuit.

Au même moment, un incendie éclate à la Fonderie.

Samedi, 28 janvier.

On nous a appris, ce soir, chez Walter, à la brasserie, que Paris aurait capitulé...

Dimanche, 29 janvier.

La nouvelle d'hier est malheureusement trop vraie. Un armistice général a été conclu, pour traiter des conditions de paix !

Lundi, 30 janvier.

Les conditions de la capitulation de Paris sont les suivantes : deux cent millions de francs d'indemnité de guerre à payer, occupation des forts, désarmement de la garnison de Paris. La garde nationale garde ses armes, ainsi que douze mille hommes, pour le maintien de l'ordre.

On prétend que Bourbaki, exclu de l'armistice sans être prévenu, aurait été surpris par l'ennemi et battu. On ajoute que de désespoir il s'est suicidé [1] et qu'il a été remplacé par le général Clinchant, qui

---

[1] Il y eut tentative, mais pas exécution de ce dessein. L'armée de Bourbaki entra en Suisse le 1er février et fut internée un peu partout dans le pays.

serait en train de filer sur la Suisse avec toute l'armée.

La tante D... reçoit une lettre d'Oscar, datée du 17 de ce mois.

Mardi, 31 janvier.

Enterrement d'un landwehr à quatre heures de l'après-midi.

Gambetta adresse une proclamation au peuple français, demandant la guerre à outrance.

Depuis quelques jours, le bombardement de Belfort a repris.

Mercredi, 1ᵉʳ février.

Les Prussiens tentent de prendre d'assaut le fort des Perches, à Belfort, mais sont repoussés.

Vendredi, 3 février.

Le bombardement de Belfort continue. A onze heures, ce soir, je compte *cinquante* coups de canon dans *dix minutes !*

Samedi, 4 février.

Il arrive une ambulance française (de Saint-Etienne) de Montbéliard, qui passera par la Suisse pour se rendre en France.

Dimanche, 5 février.

Affiche ordonnant des élections pour la Constituante. Les noms des candidats pour le Haut-Rhin sont : MM. Keller, Denfert, Grosjean, Tachard, Chauffour, Gambetta, Titot, Fritz Hartmann, Scheurer-Kestner, Alfred Kœchlin-Steinbach et docteur Klippel.

Lundi, 6 février.

A huit heures et demie du matin, les Prussiens font battre la générale. Toute la troupe va tirer quelque part 42 coups de canon (*Freudenschüsse*) pour célébrer leur triomphe final, l'heureuse issue — pour eux — de la guerre.

Un Prussien prend d'assaut la cocarde que je portais au chapeau. Ceci sans dire un mot, sans crier gare. La scène se passe à côté de la poste, devant les magasins des *Villes de France*. Je me jette sur lui, hors de moi, mais le lâche tire son sabre et la foule s'interpose.

Mercredi, 7 février.

Les élections ont lieu aujourd'hui avec calme et dignité.

Il arrive une centaine de voitures, escortées par des hussards jaunes.

Enfin ! nous recevons une lettre de mon frère Emile qui nous fait bien plaisir. Depuis l'investissement de Paris, c'est-à-dire depuis de longs mois, nous n'avions plus aucune nouvelle de lui. Il est sain et sauf, nous écrit-il, et a pris part, entre autre, à la sortie de Champigny.

Il paraît aujourd'hui le premier numéro d'un journal allemand officieux qui prend le titre de *Neue Mülhauser Zeitung*.

Jeudi, 9 février.

Le dépouillement des votes a lieu. La liste républicaine, que je donne plus haut, l'emporte à Mulhouse.

Vendredi, 10 février.

L'ennemi parvient à s'emparer du fort des Perches à Belfort.

Les trains pour Bâle recommencent à circuler.

Samedi, 11 février.

Un facteur prussien est tué à Truchtersheim. Une affiche promet deux cents thalers à celui qui dénoncera le coupable.

Il est établi en ville une masse de guérites pour les factionnaires.

Lundi, 13 février.

Je vois un cuirassier blanc à l'hôtel du *Lion-Rouge.*

Belfort capitule, sur l'ordre du gouvernement français. Mais l'ennemi accorde à la garnison les honneurs de la guerre, qu'elle a si bien mérités.

Mardi, 14 février.

Nous recevons des Prussiens à loger pour quinze jours, un sous-officier et un simple landwehr.

Un enterrement de landwehr a lieu dans la journée.

Mercredi, 16 février.

Il passe soixante voitures venant de Belfort, et se dirigeant vers le faubourg de Bâle.

Encore un enterrement de landwehr.

Vendredi, 17 février.

Ce matin, les hussards et l'artillerie font une grande promenade.

Les conditions de la capitulation[1] de Belfort sont : la garnison sort avec les honneurs de la guerre, emportant les batteries de campagne avec soixante boulets explosibles, quatre-vingts cartouches par homme, des vivres pour huit jours. Les troupes se rendront à Grenoble, à pied. Les Prussiens leur rendent les honneurs, en présentant les armes, aux sons de leurs musiques.

Grand *Zapfenstreich* ce soir, à huit heures. C'est ainsi que les Prussiens appellent les retraites aux flambeaux, avec musique. Seulement leurs flambeaux sont des lanternes.

Mercredi, 22 février.

Arrivée d'artilleurs wurtembergeois. Une femme se met au balcon de l'hôtel du *Lion-Rouge*, avec un fichu tricolore.

Samedi, 25 février.

L'armistice est prolongé jusqu'au 12 mars.

Le 10ᵉ landwehr part pour Dannemarie.

Lundi, 27 février.

Les hussards que nous avons en gar-

---

[1] V. Notes complémentaires, chap. IV : *La reddition de Belfort.*

nison partent pour Colmar et sont remplacés par des uhlans.

On apprend la mort d'Aimé Meyer.

L'Alsace est frappée de contributions de guerre : Mulhouse, trois millions ; Strasbourg, deux millions ; Colmar, un million huit cent mille ; Sierentz, quarante mille ; Ottmarsheim, dix-huit mille ; Richwiller, dix mille francs, etc., etc.

Enterrement d'un landwehr.

Ce soir a lieu un grand *Zapfenstreich* en l'honneur de l'arrivée du gouverneur, de Bismarck-Bohlen. Le drapeau impérial fait son apparition à la sous-préfecture. Beaucoup de personnes le prennent pour le drapeau tricolore français.

Mardi, 28 février.

Je me fais faire, à la mairie, un extrait de mon acte de naissance, car je veux encore l'avoir en français.

Mercredi, 1ᵉʳ mars.

Je reçois mon acte de naissance à cinq heures du soir.

L'oncle Henri vient nous annoncer qu'il a reçu deux lettres du cousin Jules. Le pauvre diable est malade et a eu les pieds gelés à Virgule.

Jeudi, 2 mars.

L'assemblée nationale, réunie à Bordeaux, vote *la paix* avec la Prusse, par **546 voix** contre **107**, et ratifie ainsi la cession de l'Alsace et de la Lorraine à

l'empire d'Allemagne. Nos députés protestent contre l'annexion de nos provinces, et quittent la salle de séance en déclarant fièrement qu'ils considèrent comme nul et non avenu un pacte qui dispose d'un peuple sans son consentement.

NOTES COMPLÉMENTAIRES

NOTES COMPLÉMENTAIRES

I

La Garde nationale de Mulhouse en 1870

Dès les premières défaites de l'armée française à Wissembourg et à Frœsch-willer, qui eurent comme conséquence l'envahissement de l'Alsace et des Vosges par les armées allemandes, un décret en date du 12 août 1870 rétablissait la garde nationale en France. Voici la note officielle qui parut dans les journaux :

La garde nationale

Par décret en date du 12 août 1870, la garde nationale est rétablie dans tous les départements.

Il sera procédé immédiatement à sa réorganisation, conformément aux dispositions de la loi des 8 avril, 22 mai et 13 juin 1851.

Toutefois, l'organisation des bataillons actuellement existants est maintenue pendant la durée de la guerre.

Pendant le même temps, les officiers élus seront choisis parmi les anciens militaires.

La distribution des armes sera faite d'abord aux gardes nationaux des départements envahis, des villes mises en état de défense et des communes des départements déclarés en état de siège.

Les anciens militaires seront les premiers enrôlés et armés.

Les gardes nationaux blessés dans l'accomplissement de leur service, leurs veuves et leurs enfants, auront droit aux secours et récompenses déterminés par les lois spéciales votés en faveur des soldats des armées de terre et de mer et des bataillons de garde nationale mobile.

Un crédit provisoire de cinquante millions est ouvert au ministère de l'intérieur et au ministère de la guerre, pour faire face aux dépenses qu'entraînera l'organisation des gardes nationales de France.

A Mulhouse, un conseil de recensement fut nommé et installé à l'Hôtel de ville, pour dresser les contrôles des hommes à incorporer. J'ai donné la composition de ce conseil, sous la date du 16 août.

Le 31 août, un arrêté de M. Henry Bock, adjoint faisant fonctions de maire, convoquait les gardes nationaux dans leurs lieux de réunion, pour le dimanche 4 septembre, à huit heures du matin, à l'effet de procéder à la nomination des divers grades, jusque et y compris celui de capitaine en premier.

La garde nationale de notre ville était composée de deux bataillons, le premier, pour le canton Sud, le second, pour le canton Nord, et placés sous les ordres du commandant de place, M. Alfred Kœchlin-Schwartz.

Chaque bataillon avait six compagnies et un porte-drapeau.

Voici les noms des chefs de bataillon et de compagnie :

1er BATAILLON (Sud)

Commandant : M. Beugniot.

Capitaines :

1re compagnie : MM. Meunier.
2e   »   Ch. Landwerlin.
3e   »   Zipélius.
4e   »   Fritz Reber.
5e   »   Gaspard Ziegler.
6e   »   Jean Danner.

Sous-lieutenant porte-drapeau : M. Gilbert.

2° BATAILLON (Nord)

Commandant : M. Imbert-Kœchlin.

Capitaines :

1re compagnie : MM. Gustave Dollfus.
2°   »   Frédéric Muller.
3e   »   Jules-Gabriel Gros.
4e   »   Giraux.
5e   »   Ch. Wacker-Schœn.
6e   »   Léon Lantz.

Sous-lieutenant porte-drapeau : M. Battmann.

Tambour-major : M. G. Michel fils.

Il existait en outre une compagnie de *tirailleurs* de la garde nationale, dont le capitaine était M. Charles Doll, ainsi qu'un peloton de cavalerie, ayant à sa tête M. Nicolas Kœchlin fils.

Cela me mènerait trop loin de publier

ici le relevé complet de l'effectif des gardes nationaux. Mais on me permettra cependant de faire exception en faveur de la 2e compagnie du 1er bataillon dans laquelle je fus incorporé à la suite de mon engagement volontaire. Elle montrera d'ailleurs au lecteur l'organisation de la compagnie.

Elle comprenait trois sections, divisées en demi-sections dont chacune se subdivisait en deux escouades. Il y avait par conséquent six demi-sections, formant douze escouades de dix à douze hommes chacune. Tout compris, ma compagnie comptait un effectif de cent cinquante-quatre hommes. En voici les noms, que j'ai copiés sur le rôle qui est encore en possession de mon ancien capitaine :

1er BATAILLON

2e COMPAGNIE

Capitaine : M. Charles Landwerlin.
Lieutenant : M. Jules Roth.
Sous-lieutenants : MM. H. Welter et Ch. Guillaume.
Sergent-major : Aug. Falck.
Sergent-fourrier : Ulrich.

PREMIÈRE SECTION

Ire DEMI-SECTION

1re Escouade

Reber, *sergent,* Hirlé, *caporal*

1. Adolphe Durot
2. Schill
3. Salomon Haas

4. Léon Bernheim
5. Albert Guillaume
6. Bontemps-Rieffel
7. Louis Urner
8. Jean Wild
9. Henri Zwinger
10. Léon Persohn
11. Louis Adlung

2ᵉ *Escouade*

Zuber, *caporal*

1. Blaise Erhardt
2. Rauch
3. Camille Fischer
4. François-Joseph Liechty
5. Jean-Henri Meyer
6. Wintzler
7. Emile Striffling
8. Bloch-Haas
9. Anatole Nusbaumer
10. Jean-Baptiste Riber

IIᵉ DEMI-SECTION

3ᵉ *Escouade*

Victor Kempf, *sergent*, Jos. Burgert, *caporal*

1. Frédéric Stein
2. Antoine Wanner
3. Louis Lauter
4. Pierre Millot
5. Emmanuel Baer
6. Gagon
7. Théodore Eck
8. Cerf Salomon
9. Abraham Lévy
10. Jacques Lévy
11. Gaspard Katz

4me *Escouade*

Emmanuel Bloch, *caporal*

1. Henri Engel
2. Théodore Sattler
3. Jacques Frehner
4. David Wallach
5. Ed. Adlung
6. Jos. Eisenschenck
7. Albert Wœlflé
8. Emile Gœtz
9. Emile Haffner
10. Albert Haas
11. Ohmeyer.

DEUXIÈME SECTION

IIIme DEMI-SECTION

Jules Roth, *lieutenant* — **Aug. Falck,** *sergent-major*

5me *Escouade*

Nardin, *sergent,* **Jacques Guggenheim,** *caporal*

1. Jacques Schweitzer
2. J.-B. Wuillard
3. Léopold Bernheim
4. Albert Benner
5. Michel Dietz
6. Joseph Sax
7. Alexandre Weill
8. Haas-Aron
9. Sébastien Lentz
10. Oscar Drumm
11. Jean Haffa

6me *Escouade*

Eug. Gnægy, *caporal*

1. Albert Benner
2. Elie Elias
3. Georges Gross
4. Georges Bœringer
5. Lévy-Meyer
6. Lambert Bauchet
7. Martin Scherr
8. Léger Gerspach
9. Pierre Sabattier
10. André Hatt
11. Elie Schwob
12. Diedisheim-Lazarus

IVme DEMI-SECTION

7me *Escouade*

Raffer, *sergent*, Emile Grün, *caporal*

1. Eugène Bœringer
2. G. Hauser
3. François Zimmermann
4. Albert Jelensperger
5. Eug. Gissinger
6. Moïse Lévy
7. Armand Bernheim
8. Eug. Gassmann
9. Léon Bippert
10. Elie Goldschmidt

8me *Escouade*

Alexandre Weill, *caporal*

1. J.-G. Dieterich
2. Emile Uiber
3. Jean Schlotterbeck
4. Georges Scheidecker
5. Wolf-Sée

6. Jean Graff
7. Victor Stoltz
8. Jean Hoffmann
9. Emile Schlienger
10. Antoine Stœcklin
11. Eugène Schlumberger

TROISIÈME SECTION

Vᵉ DEMI-SECTION

H. Welter, *sous-lieutenant*

9ᵉ *Escouade*

Moïse Aron, *sergent*, **Eug. Kohler**, *caporal*

1. Louis Bauffrey
2. Eug. Simonet
3. Elie Haas
4. Arthur Darles
5. Edouard Stoltz
6. Edouard Steigert
7. Nathan Netter
8. Eugène Bissaye
9. Louis Carl
10. Emile Hetzlé
11. Schmaltz.

10ᵉ *Escouade*

Em. Uhlmann, *caporal*

1. Marckert
2. Pierre Meyer
3. Abraham Uhlmann
4. Joseph Meyer
5. Louis Beljean
6. Jean Lutz
7. Ernest Hauser
8. Elias Weill
9. Monnet
10. Schainex
11. Benj. Lampert.

VIe DEMI-SECTION

11e *Escouade*

Lang, *sergent,* **Schiffmacher,** *caporal*

1. Charles Haffa
2. Isaac Weill
3. Hippolyte Hauser
4. Léopold Netter
5. Baruch Lang
6. Mathias Hauser
7. Spengler
8. Laukens
9. Albert Kurtz
10. Edouard Hæffely
11. Ernest Meininger
12. Ant. Schlienger.

12e *Escouade*

Schmidt, *caporal*

1. Edouard Jacob
2. Léopold Haas
3. Henri Paraf
4. Jean Meininger
5. Michel Wolf
6. Ferdinand Knatz
7. Josué Blum
8. Samson Bernheim
9. Joseph Schwob.

II

Affaire de Kembs

Pour compléter mon récit sur cette mémorable affaire, je reproduis ci-après quelques articles y relatifs que j'ai retrouvés dans *l'Industriel alsacien* de l'époque. On les lira certainement avec intérêt.

—

Mardi, le 6 septembre 1870.

Vers deux heures, grand émoi parmi notre population. Les Prussiens sont à Kembs, disait-on d'abord, et bientôt l'imagination, grossissant toutes choses, les faisait avancer jusqu'à Habsheim. Habsheim était encore trop loin et vers trois heures et demie une foule de gens accouraient, annonçant les uns que l'ennemi entrait par le faubourg de Bâle, les autres qu'il était entré dans la gare. La place du Nouveau-Quartier était encombrée de monde, surtout de femmes et d'enfants qui, à cette nouvelle, prirent tous la fuite. Les ouvriers, en grand nombre, partaient du côté de la route de Bâle, armés de haches, de faux, de couteaux.

Pendant ce temps, la place de la Réunion présentait un spectacle fort pittoresque. Les gardes nationaux se rassemblaient sur la place devant l'Hôtel de ville, par compagnies, attendant qu'on leur distribuât des cartouches. Des femmes arrivaient affolées, criant: « Les Prussiens sont ici ! » Des paysans à cheval accouraient au galop, annonçant l'arrivée de l'ennemi. Deux compagnies de pompiers, commandant en tête, se rendaient en toute hâte à la gare où un train spécial les emmenait rapidement dans la Hardt. Beaucoup de chasseurs partaient, les uns en voiture, les autres à pied, pour Kembs ou les villages voisins du Rhin.

Les compagnies de la garde nationale se mettent en marche; chacune suit une autre route. Les unes vont à Rixheim, les autres jusqu'à Habsheim, d'autres jusqu'à Kembs. Mais tout le long de la route pas d'ennemi. On a beau chercher à voir les Prussiens, l'on ne voit que la grande plaine vide. Tout cela encore n'était qu'une fausse alerte : cette invasion se réduisait à la descente de quelques maraudeurs qui avaient traversé le Rhin et qui avaient tenté de piller le village de Kembs. Nos paysans en ont pris quelques-uns, les autres se sont sauvés à la nage.

Cependant, de l'autre côté du Rhin, les Badois ont établi quelques canons et tiré quelques boulets sur le village de Kembs.

Ils ont également pris les pompiers pour point de mire et leur ont, paraît-il, lancé deux obus, dont l'un est venu tomber non loin du commandant et de M. Edmond Dollfus qui se trouvait à ses côtés. C'est à cela que s'est réduit toute cette panique ; mais les Allemands doivent avoir jugé, d'après l'attitude si énergique de notre population, tout aussi bien de Mulhouse que de nos campagnes, que le Haut-Rhin saura vaillamment leur résister. Les pompiers et la garde nationale étaient tout décidés à faire le coup de feu et à remplir leur devoir, et les villages environnants auront pu voir que la ville ne les abandonnera pas à l'heure du danger.

Mercredi, 7 septembre 1870.

La canonnade a cessé sur les rives du Rhin.
Depuis hier matin, ni Kembs, ni Niffer, ni
Chalampé n'ont plus reçu de bombes. D'a-
près une dépêche arrivée hier soir, le bourgmestre de Rheinwiller serait venu en parlementaire à Niffer, et se serait entendu avec
le maire de cet endroit pour faire trêve à
tout acte d'agression et d'hostilité d'une
rive à l'autre.

D'après d'autres bruits, ce serait le maire
de Kembs qui aurait fait cette démarche
sur l'autre rive.

Quoiqu'il en soit, toute panique doit cesser à présent et nous recommandons à nos
concitoyens de ne plus se laisser émouvoir
par une masse de faux bruits, inventés par
des personnes qui ont l'imagination natu-
rellement terrifiée par nos désastres.

Ainsi, hier soir, le bruit courait encore à
Mulhouse, qu'un corps prussien d'environ
15,000 hommes était apparu à Waldshut,
près de Schaffhouse, et qu'il se préparait à
descendre le cours du Rhin pour venir nous
envahir. Fausse alarme encore une fois. Ces
15,000 Prussiens se sont réduits à 2000 soldats badois qui ont traversé hier Lœrrach,
et qui se sont dirigés vers la Forêt-Noire,
apparemment pour se rendre du côté de
Strasbourg où est le centre de leurs opéra-
tions.

Jeudi, le 8 septembre 1870.

Kembs. — On nous écrit :

Voici de nouveaux détails sur l'entrevue
du bourgmestre de Rheinwiller avec le maire
de Niffer.

Comme vous le disiez, le bourgmestre de

Rheinwiller, déplorant les hostilités surve-
nues entre les habitants des deux rives, dési-
rait vivement y mettre fin. Hier, vers trois
heures, ce magistrat traversa le Rhin ; il des-
cendit la rive française, tenant en main un
drapeau blanc, et demanda une entrevue à
M. Billig, maire de Niffer. Cette entrevue lui
fut aussitôt accordée et il témoigna alors au
maire de Niffer des intentions de conciliation.
C'était chose regrettable, disait-il, de se nuire
ainsi entre gens qui se connaissent tous et
ayant entretenu jusqu'à présent les meilleures relations.

Le maire de Niffer se rendit facilement aux
représentations du bourgmestre de Rheinwiller, et tous deux convinrent de se rendre
ensemble chez leur collègue de Kembs.

Le maire de cette localité étant empêché
par suite de l'incendie de sa maison, délégua
son adjoint, M. François Baumann, pour entrer
en pourparlers avec le bourgmestre de
Rheinwiller.

Sur les instances de ce dernier, le maire
de Niffer et l'adjoint de Kembs se décidèrent
à partir pour Petit-Kembs, sur la rive badoise. Ils traversèrent tous trois le Rhin et,
arrivés à Petit-Kembs, nos deux magistrats
municipaux furent conduits, les yeux bandés,
entre une haie de huit soldats armés, à
Blantzingen.

Là, ils trouvèrent un officier badois qui
leur reprocha d'avoir, les premiers, commencé le feu et qui les pria de se rendre à
Müllheim pour y tenter un essai de récon-
ciliation. Le chemin de fer les emmena à
Müllheim, où on les conduisit chez un officier supérieur de l'armée badoise, commandant le district.

Cet officier leur adressa les mêmes reproches
qui déjà leur avaient été faits à Blantzingen

et leur dit qu'il s'engageait sur l'honneur à faire cesser toute hostilité du côté badois, si les paysans français promettaient à leur tour de ne plus inquiéter les villages allemands.

Le maire de Niffer et l'adjoint de Kembs prirent l'engagement au nom de leurs administrés et retournèrent aussitôt en France annoncer aux habitants de Kembs et de Niffer qu'ils pouvaient se rassurer et rentrer en paix dans leurs maisons. Beaucoup d'entre eux s'étaient réfugiés dans la Hardt, emportant tout leur mobilier. Ils sont, paraît-il, retournés ce matin dans leurs villages, après avoir eu connaissance de l'espèce d'armistice accepté par le maire de Niffer.

Samedi, le 10 septembre 1870.

CHALAMPÉ. — Voici quelques détails sur l'engagement d'il y a quelques jours :

Un jeune garçon de 14 ans de notre localité (Chalampé) a reçu une balle qui a pénétré dans le cerveau par l'œil ; la mort a été instantanée.

Un habitant de Wittenheim a eu le bras et la poitrine traversés par une balle (état très grave, mais pas désespéré).

Le citoyen Roth, employé chez M. Mann, à Ensisheim, a eu le bras traversé par une balle.

Zimmermann Joseph, d'Ensisheim, ancien militaire, cuisse traversée par une balle.

Enfin, un serrurier de M. Mann, bras droit traversé par une balle.

Les nommés Roth Xavier et Beck, anciens militaires, ont eu, l'un sa vareuse et l'autre son képi déchirés par une balle, mais n'ont reçu aucune blessure.

III

Arrestation de M. Bernardini

L'arrestation du rédacteur en chef de l'*Industriel alsacien*, dont il est question sous la date du 27 septembre et qui eut lieu le samedi 17 du même mois, produisit à cette époque une singulière émotion, non seulement à Mulhouse, mais dans toute la presse des pays voisins. Je reproduis ci-après les quelques articles que l'*Industriel alsacien* consacra à cette affaire et qui donneront au lecteur tous les détails désirables.

Lundi, 19 septembre 1870.

(Edition du soir).

Le fait de l'arrestation de notre rédacteur en chef, M. Bernardini, s'est malheureusement confirmé.

La raison de cet acte arbitraire, nous la cherchons en vain. Tout ce que nous avons pu savoir, c'est que le général en chef Keller a dû dire que dans cette circonstance il agissait par ordre supérieur. Est-ce par ordre du duc de Bade, de Sa Majesté Guillaume ou de M. de Bismarck ? Impossible de le savoir.

Nous ne pouvons en ce moment que protester énergiquement contre cette violation flagrante du droit des gens, et la signaler non seulement à la presse française et à celle des pays neutres, mais aussi à la presse allemande.

La pensée n'a pas de nationalité ; un soldat

ne peut avoir le droit de l'étouffer sous sa botte.

Il faut que le monde civilisé connaisse et réprouve cet acte inique, cette manière d'arracher à sa famille, à ses amis, d'une minute à l'autre, sans communication verbale possible, un citoyen honorable, auquel nous ne connaissons d'autre tort que son ardent amour pour la patrie.

La nouvelle de son arrestation s'est rapidement répandue. L'indignation et la tristesse de tous témoignaient hautement de l'estime et de l'affection dont M. Bernardini jouit à juste titre à Mulhouse.

L'énergie et le courage que M. Bernardini a déployés en cette circonstance dépassent toute expression. Des amis l'avaient averti, dès vendredi soir, que l'état-major badois était fortement irrité contre l'*Industriel alsacien*, et que plusieurs officiers avaient proféré des menaces contre notre rédacteur en chef. Samedi matin, une heure avant son arrestation, M. Bernardini avait été prévenu par un ami accouru à la hâte, qu'on devait sans nul doute s'emparer de sa personne, et tous nous insistions pour qu'il se mît en sûreté et qu'il cherchât un refuge en ville. M. Bernardini a énergiquement repoussé les conseils qui lui étaient donnés. « Je suis à mon poste, disait-il, il est de mon devoir d'y rester. ».

Il y est resté, en effet, et quand les officiers allemands, chargés de l'arrêter, se sont présentés, il les a reçus avec dignité.

Il s'est conduit en brave, et il a grandi dans l'estime générale dont il était entouré. Son seul crime, aux yeux des Allemands, était d'avoir été trop Français. A nos yeux, c'est une gloire. M. Bernardini est martyr de son patriotisme.

Dès la nouvelle de son arrestation, la Commission municipale a délégué trois de ses membres auprès du général en chef badois pour protester contre les mesures prises à l'égard du rédacteur en chef de ce journal, et pour tenter de faire revenir le général sur sa décision.

Malheureusement la démarche si généreusement résolue par notre Municipalité fut infructueuse. Le général fit répondre aux trois délégués qu'il n'avait pas le temps de les recevoir, et les renvoya à deux heures de l'après-midi.

A deux heures, plus de général, plus de Badois ; tout le corps d'occupation s'était évanoui.

On apprit aussitôt que M. Bernardini avait été dirigé sur Chalampé, pour de là passer le Rhin, et descendre par la voie de fer dans la forteresse de Rastatt.

Pendant ce temps, un de nos concitoyens dont le dévouement est connu de tous, résolut de partir immédiatement pour Chalampé, au besoin passer le Rhin, et rencontrer M. Bernardini, auquel il devait remettre du linge et des vêtements.

Il eut le bonheur de trouver M. Bernardini entre Neubourg et Müllheim, non plus en voiture cette fois, mais bien à pied, en compagnie de quelques paysans de Rixheim, emmenés prisonniers comme lui, entourés d'une douzaine de militaires, et escortés par la foule des habitants des villages environnants.

Tout en marchant, notre généreux ami put s'acquitter de sa commission, apporter quelque consolation au malheureux prisonnier, et lui dire tous les regrets et les sympathies qu'il avait laissés à Mulhouse.

M. Bernardini a dû passer la nuit à Müllheim. Depuis lors, nous n'avons plus de ses nouvelles.

Mercredi, 21 septembre 1870.

(Edition de midi.)

Nous espérions que les autorités badoises, revenant à des sentiments d'équité et d'humanité, rendraient la liberté à M. Bernardini. Jusqu'à présent nos espérances ne se sont pas réalisées.

Nous en sommes toujours réduits à protester contre l'acte odieux que nos ennemis peuvent ajouter au bilan de leurs iniquités.

Sans nul doute, notre voix trouvera de l'écho auprès de nos confrères de toute la presse.

Jeudi, 22 septembre 1870.

(Edition de midi.)

Mme Bernardini est de retour depuis ce matin de son pénible voyage. Elle a pu aller jusqu'à Rastatt, sans toutefois parvenir à se procurer le moindre renseignement sur le sort de son mari.

M. Bernardini n'a donc probablement pas été dirigé sur Rastatt, comme nos informations nous avaient permis de le supposer. Nous renonçons à deviner quelle résolution a pu être prise à son égard.

Il ne nous reste plus qu'à protester de nouveau de toute l'énergie de notre conscience contre une arrestation qu'aucune des lois de la guerre ne saurait justifier. Notre douleur n'a d'égale que notre indignation, et nous sommes persuadé que notre voix finira par être entendue de nos ennemis eux-mêmes.

Mardi, 27 septembre 1870.

Nous sommes toujours sans nouvelles de
M. Bernardini. M. Frédéric Thesmar, dont
l'obligeance est certes à louer dans cette
circonstance, a télégraphié hier au gouverneur de Rastatt pour savoir si notre rédacteur en chef se trouvait dans cette forteresse. Le gouverneur a répondu qu'il igno-
rait où était M. Bernardini. M. F. Thesmar,
on s'en souvient, avait consenti à accompagner Mme Bernardini, sur sa demande, dans
le pénible voyage qu'elle a fait.

Jeudi, 15 octobre 1870.

Tous nos lecteurs ont apprécié les motifs
impérieux qui nous ont mis dans la nécessité de taire les cruels traitements dont
notre cher rédacteur en chef a été l'objet.
L'histoire, que nous aurions eu à retracer,
ne comportait pas les demi-teintes et les
adoucissements ; l'indignation, que nous
éprouvons encore, nous eût mené très loin,
et cela, au moment même d'une invasion
nouvelle. Plutôt que de mutiler notre pensée, nous avons préféré garder un silence
absolu.

Toutefois, les *Basler Nachrichten*, qui
n'avaient pas les mêmes raisons, ont publié
le récit de cette captivité sans exemple. Et
comme cette narration n'était pas exempte
de quelques inexactitudes, M. Bernardini a
dû en rectifier les principaux détails.

Nous nous empressons de mettre cette réponse sous les yeux de nos lecteurs : Voici
l'article des *Basler Nachrichten* [1] :

« M. Bernardini, qui se trouve en ce moment à Bâle, nous prie de rectifier une er-

---

[1] Numéro du 12 octobre 1870.

reur dans l'article de notre numéro d'hier, qui parle de sa captivité. Il importe à M. Bernardini que du côté prussien on ne puisse lui reprocher aucune exagération.

« C'est non trois fois par jour, mais trois fois en tout que M. Bernardini a été menacé de mort ; une fois par le général de Werder lui-même, qui avait donné l'ordre de le transporter de Mulhouse à Rastatt et de là à Mundolsheim. Ces trois menaces étaient déjà de trop, car l'article qui avait excité la colère de M. de Werder, ne provenait pas de M. Bernardini. C'était un extrait du *Gaulois*, et la rédaction l'avait désigné comme tel.

« L'*Industriel alsacien* d'ailleurs, s'était efforcé à plusieurs reprises, de réfuter les exagérations des journaux parisiens concernant la manière de faire la guerre des Prussiens. Aucune accusation sérieuse ne pouvait peser sur M. Bernardini. Les lois prussiennes ne le concernaient point, encore moins les lois françaises devant lesquelles il est seul responsable.

« M. Bernardini publiera plus tard le récit de ses aventures. En attendant, il constate que pendant son transport de Rastatt à Mundolsheim et dans la prison de Haguenau, il a été l'objet de traitements très durs de la part des soldats, tandis qu'il n'a qu'à se louer de la manière d'agir des autorités civiles.

« M. Bernardini n'a séjourné qu'un seul jour à Rastatt. Les autres journées d'emprisonnement se sont écoulées à Mundolsheim et à Haguenau. »

Nous ajouterons, de notre côté, que la santé si cruellement éprouvée de notre rédacteur en chef lui rend nécessaire, pendant quelque temps encore, le séjour de Bâle.

Nous espérons qu'il trouvera bientôt, dans le calme de sa retraite, l'oubli des terribles épreuves qu'il a subies.

M. Ad. Lereboullet, le romancier bien connu, remplaça M. Bernardini à la tête de l'*Industriel alsacien*. Cependant ce journal n'en avait pas fini avec les tribulations que lui réservaient la guerre et ses suites. Le 5 février 1871, un sieur Schmidt, le premier commissaire de police allemand à Mulhouse, accompagné de deux gendarmes prussiens, se présentait à la rédaction et lui notifiait la suspension de l'*Industriel alsacien* jusqu'à nouvel ordre. Deux jours après paraissait le premier numéro du nouveau journal officieux, en langue allemande, la *Neue Mülhauser Zeitung*.

Le 19 avril 1871, l'*Industriel alsacien* put reparaître, mais ses jours étaient néanmoins comptés. Le 5 juillet 1877, un arrêté administratif supprima définitivement ce journal, après quarante-deux années d'existence. Cette fois encore, il était puni pour un autre : pour avoir ouvert ses colonnes à une lettre adressée à M. Jean Dollfus, député de Mulhouse au Reichstag, que ce dernier l'avait prié d'insérer.

L'*Express* succéda le 9 septembre de la même année au journal défunt.

IV

La reddition de Belfort

Au moment de terminer la publication de *Mulhouse pendant la guerre de 1870-71*, je reçois la lettre suivante qui rectifie et complète mes notes des 13 et 17 février. On la lira certainement avec intérêt.

Mulhouse, le 8 janvier 1896.

Monsieur,

Dans les notes : *Mulhouse pendant la guerre de 1870-1871* que publie l'*Express*, vous dites : 13 février, Belfort capitule, etc.; 17 février : Les conditions de la capitulation de Belfort, etc.

Belfort n'a pas capitulé.

Le 13 février, un premier parlementaire vint dans l'après-midi apporter une dépêche importante du général de Treskow se terminant par ces mots :

« Ce sera sur vous que retombera toute la « responsabilité, dans le cas où vous me « contraindrez à réduire Belfort en un mon-« ceau de ruines et d'ensevelir les habitants « sous les débris de leurs maisons. »

Le premier parlementaire prussien avait à peine terminé sa mission, qu'un deuxième apportait une seconde dépêche au commandant supérieur, signée Picard, ministre des affaires étrangères, contresignée Bismarck, ordonnant au commandant de Belfort de rallier le poste français le plus voisin.

Le télégramme n'avait pas force de loi pour le colonel Denfert; avant de prendre une décision, il voulait encore consulter son gouvernement.

L'article 2 de la convention préliminaire,

signée par le capitaine du génie Krafft et par le capitaine d'état-major allemand de Schultzendorf, dit :

« Le colonel Denfert enverra à Bâle un officier chargé d'y attendre l'avis télégraphique du gouvernement français. »

Le capitaine Krafft fut désigné. Le feu cessa le 13 au soir, *seize jours* après la signature des préliminaires de paix à Versailles.

Le 15, le capitaine Krafft revint de Bâle. Le colonel Denfert écrivit alors au général de Treskow, pour lui dire qu'il était prêt à obéir aux instructions du gouvernement français et à lui remettre la place.

La reddition de Belfort était la conséquence non d'une capitulation, mais d'une convention, motivée par des considérations puissantes librement consenties par des parties qui restaient en dehors des grands événements accomplis en France et qui devaient avoir pour base de leur transaction la bonne foi et l'équité.

Le gouverneur de Belfort exigea que les troupes allemandes ne se trouvassent pas sur le chemin de la garnison de Belfort.

Les sentinelles furent relevées le 18 février à midi, après le départ de la dernière colonne, et c'est un enfant de Mulhouse, Gustave Merklen, sous-officier du génie (qui si souvent se distingua pendant ce long siége), qui quitta le dernier la place avec le poste du fort de la Justice.

Denfert-Rochereau n'a pas capitulé et c'est à lui que la France doit d'avoir conservé Belfort.

Recevez, etc.

A. HÆNSLER,
ex-sous-officier du génie à Belfort.

TABLE DES MATIÈRES